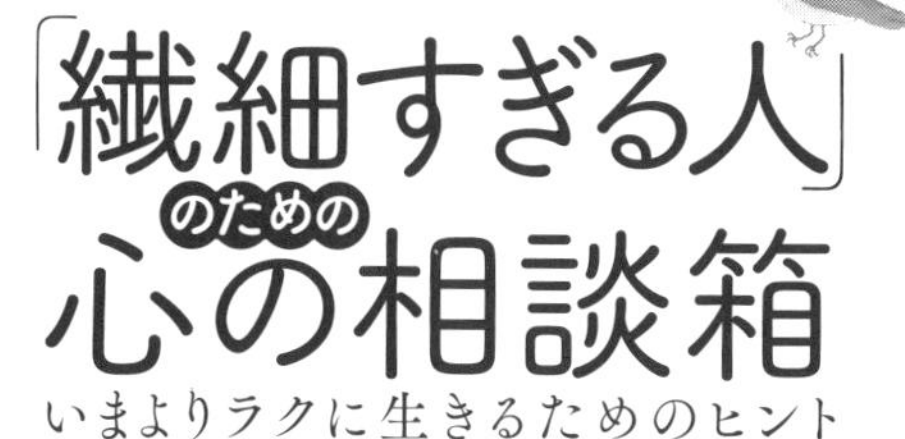

「繊細すぎる人」のための心の相談箱

いまよりラクに生きるためのヒント

医学博士・心療内科医
海原純子

PHP研究所

はじめに

「ストレス」という言葉が日常的に使われるようになっています。そうした中で気になるのは、「ストレスを感じないことがいい」と思っている方が多いことです。診療をしていると、「私はいろんなことに敏感ですぐ落ち込むんです」「私は感じやすくてだめ」という言葉をよく耳にします。

一方、年配の政治家やビジネスマンのインタビューなどで「自分は鈍感だから大丈夫」「ストレスなんか感じないですね」と鈍いことを誇らしげに語る男性などを見ると、内心とても残念な気がしてしまうのです。感じないことイコールいいことで、感じないことが強さだと考えるのは大きな間違いです。鈍感力という言葉がだいぶ前に流行しました。著名な作家がこういうタイトルで本を出版してベストセラーになって以来、鈍感イコール強さという誤解が独り歩きした結果でしょう。それ以来、昭和の意識をずっと引きずっているんですね。

でも鈍感というのは恐ろしいことです。感じないということは怖いと思いませんか？　熱湯をあつっ、熱い、と感じるからそれに触れませんし、ちょっと風邪気味かなと思うからジムに行くのはやめようかと思うわけです。私たちは感じるということをセンサーにして危機を察知して生きているわけです。感じないということは麻痺（まひ）をしているということです。神経が麻痺して機能していないときは感じることができません。熱いものに触れても危険に気づくことができないのです。

心も同じです。鈍感なんてとんでもない、鈍感でいいはずはない、と声を大にして申し上げたいと思います。ストレスを感じないで過ごすと、ある日突然身体の疾患を引き起こしたり何かの依存症を引き起こします。感じること、敏感であることで傷つきやすくなることは確かです。でも傷ついた後回復していけばいいのです。最近のストレス医学では強さではなく回復力＝レジリエンスが大事だといわれています。

自分にふりかかることだけに敏感で傷つくのは単なる自己愛ですが、自分だけでなく、友達や知り合いが悲しい思いをしたり、どこかで誰かがつらい目にあっているというニュースで悲しくなったり、動物がひどい目にあっていたりというように、自分以外の人の痛みや悲しみにも敏感で繊細な方は、その繊細さを持ちつつ心に受けた傷を回復していくと、ほかの人を手助けできる人になれます。

まずは繊細であること、傷つきやすいことは悪いことではない、という認識をお持ちください。でも傷つきっぱなしでは苦しいし生きにくい。必要以上に敏感だと疲れてしまう。傷ついた自分に気がつき回復する、そうした方法を知っておくことが必要です。

私は講演会などに行くとよく皆さんから「先生はいいですよね、いろいろあっても感じないんでしょう」などと言われます。

いいえ、それは違います。私はいろんなことにすぐガーン、と反応するほうです。そんな自分に気がついたのは仕事を始めてすぐのころです。私は医学部を卒業して研修を終えた後、大学病院の血液疾患を治療する内科に勤務していました。白血病や悪性リンパ腫(しゅ)を治療する班です。当時は骨髄移植が始まったばかりで受け持った患者さんが亡くなることが多かったのです。女性の医師もほとんどいなくて孤独でしたし女性というだけで患者さんからも信用されにくい時代でした。ですから仕事をしていても落ち込むことがしばしば。そんなとき周りの男性の同僚を見るとわりに平気な様子です。感じやすい自分を持ちつつ落ち込んでも立ち直れるようにするにはどうすればいいだろうと考えながら、方法を練り実践してきました。こうした経験を踏まえ、最新のポジティブサイコロジーの理論を加えてヤフーニュースに執筆してきた原稿をまとめました。

感じやすくて傷つきやすい方は、自分を知りレジリエンスのいくつかのステップを実践していくことでしなやかな強さを獲得できます。まず自分がどのようなストレスに弱いかを知ることが必要です。自分の自己肯定感を揺るがすようなことを言われることに弱いのか、人とのかかわりの中で生まれるストレスに弱いのか、人からの悪口に弱いのか、さまざまな状況の悩みを網羅したのでそれをまずお読みください。なぜそのような悩みが生まれるかという傾向が説明されています。ご自分と照らし合わせて点検なさってください。そして対策をお読みになってください。すべての悩みの根底はどこかでつながっていることがおわかりになると思います。

この本は、傷つきやすく繊細な自分の資質を活かし回復する力をつけていただくことを目的にしています。逃げることも時には必要です。しかし傷つきやすいから、という理由で永久に逃げていたら進化はありません。ぜひ一歩踏み出して傷つきやすい自分を持ったまま傷ついても回復できるあなたになっていただきたいと思います。

2021年2月

海原純子

「繊細すぎる人」のための心の相談箱──目次

本書は、Ｙａｈｏｏ！ニュース個人『生きにくい大人におくるDr.純子のメッセージ』掲載記事（２０１８年10月～２０２１年１月分）から抜粋・再編集の上、加筆・修正、改題し、一冊にまとめたものです。

「繊細すぎる人」のための心の相談箱

あなたの短所と長所、正確に言えますか
自己肯定感を高める方法

「自分に自信が持てない」「どうしたら自信が持てるようになるでしょうか」「自己肯定なんてとてもできない」という相談を受けることがしばしばです。そうした悩みを持つ方に「自信がある人なんてほとんどいないですよ」と言ってもなかなか信じてはもらえません。もう一つ、自己肯定ができない、自尊感情が持てない方たちに共通するのは、自分の欠点を表現する言葉が、総括的で抽象的なことです。

相談ケース

20代後半の女性Aさん、資格を持ち事務所で働くキャリア組の方です。にもかかわらず「私は自信がなくて…だから何をしても、いつも結局憂鬱(ゆううつ)な気分になる」という悩みをお持ちです。なぜそう感じるのか質問すると「自分はデブでブスで太すぎるウエストでスタイル

が悪く、仕事では優柔不断、友達も一人もいない」。

30代の男性Bさんは「自分は仕事がのろくて、とろくて。みんな自分をできないやつだと思っている。誰の役にも立っていない」と自己評価をしています。

解決へのヒント

自己評価が低い方、自信がない方の自分を表す言葉は総括的なことに気がつきませんか？ そしてあなたはご自分を評価するときにどんな言葉を使っているでしょうか？ まず自分をどのように表現するか、を正確に捉えることが必要です。ただしこれは、ネガティブに捉(とら)えるかポジティブに捉えるかという視点ではありません。重要なのは、肯定的・否定的ということでなく、自分を評価するには客観的かつ事実に基づいた表現をするということなのです。

自己肯定感を回復するための対策

対策1　侮蔑的・差別的言葉を使わない

「デブ」「ブス」「とろい」のほか、「ぐず」、「バカ」などの言葉を自己評価のみならず他者評価の際に使わないことがまず第一に必要です。こうした言葉は考え方の癖を根付かせる心理的レッテル貼りになり、自分の変化や成長の可能性をすべて失わせてしまうからです。直ちにあなたの言葉リストから削除することをお勧めします。

対策2　エビデンスに基づく正確な言葉で自己評価を行う

自己肯定感が低い方は紋切り型（ステレオタイプ）の言葉で自己評価をすませてしまう傾向があります。事実に基づく正確な言葉に変換するようにしましょう。例えば、デブという言葉は「体重が62キロ、ウエストは65センチ」に変換します。ブスという言葉は「鼻が低い、瞼が一重で目が細い」に変換。優柔不断は「人から頼まれると断れないで仕事を引き受ける」に変換。のろい、とろいは「書類整理をするスピードが遅い」「言われたことを理解するのに時間がかかることがある分野がある」に変換します。

対策3　漠然とした表現を点検する

「いつも」「絶対」「みんな」「誰もいない」など、漠然としており状況を特定できない言葉や過度の一般化した言葉は使用禁止にします。「いつもとはいつですか」と聞くと答えられない、「みんなとは誰ですか」と聞くと、答えられるのは一人くらいで、他には思い浮かばない、という方が多くいます。自分の中で仮想敵を作り、そこから見下されていると思い込んでしまっているのです。一人も友達がいないのか、誰かと会話して心を通わせることがないのか、というとそうではないということもしばしばです。例えば「誰の役にも立っていない」と言う方に、具体的に誰から言われたか聞くと「自分でそう思っているだけ」ということもあります。ここは「書類整理するのが一カ月前に一度遅れて他部署の人から注意を受けたことがある」というように変換します。

対策4　自分の良い部分を書き出してみる

自分の容姿についてなら、例えば「肌はきれい」「髪はきれいに整いつやが良い」「爪(つめ)は手入れが行き届き清潔」などと書き出します。優柔不断は「仕事が速く能力がある。だから人に頼まれる仕事が多い。そして断れない」「書類整理は遅いが、企画を考えるのは得意だ」。そしてこうした長所を毎日しっかり認識する時間を作ります。この確認時間を怠らないことが必要です。もしあなたの長所をほめてくれる人がいたら、そのことを思い出す時間も作ってください。

対策5 自己肯定感を持つための3つのステップ

心の中に自己否定の習慣がついている人は、そこから脱却するためにトレーニングが必要です。

第1ステップで自分の短所を正確な言葉に置き換えます。

第2ステップで自分の長所を把握して、毎日それを確認します。

第3ステップでは、それでもしばしば襲いかかる「自分はだめ」という批判的な心の声にその都度立ち向かい闘うことです。なぜこのように心の中に否定的な声が浮かぶのかは、人生の最初に体験した批判に基づくことがよくあるので、自己否定から脱却するためには自分の認識を組み替えるというくらいの気持ちを持ってください。

まずはこの3つのステップを続けてください。

親しい相手だからこそ…苦しい本音を隠してしまう心のメカニズム

「それほど苦しんでいたのに周りは気がつかなかったのか？」

著名人が自死すると、必ず周りを責めるこうした言葉が飛び交います。いじめ自殺が起こると「両親は何をしていたのか」と家族が責められることもしばしばです。

しかし、親しい間柄だからこそ、愛する相手だからこそ言えない、ということがあるのをご存知でしょうか？　親しい人ほど苦しい気持ちを話せないという心のメカニズムについて考えます。

相談ケース

一部上場の製造業勤務20年のCさんは、現場の中間管理職。新型コロナ感染拡大が収まらない中で受注が減り減産が続き、現場でも人件費を減らす動きが加速してきました。上層部からは早期退職制度の働きかけが全員に始まっており、Cさんも自分の今後については疑心暗鬼です。子どもはまだ小さく、リストラの心配もあり毎日が不安です。数人いる中間管理職の中で生き残れるかなどと考えると、朝早く目が覚めてしまい食欲が低下しているのですが、妻にはそんな話を全くできていない状態です。家では元気に振る舞わなくてはならないのもかなりつらいと思いながら過ごしています。

解決へのヒント

親しい人なら何でも話せるか、というとそうではありません。心配をかけてはいけない、相手を傷つけたくない、あるいは家族の中で期待される自分でいなければいけないというプレッシャーなどから、本音を語れないことがしばしばです。うつになった方が「誰も自分を知らないところに行きたい」とおっしゃることがあります。それは自分が役割を果たさなくていい場所、自分が本音を言っても周りががっかりしたり、驚いたりしない場所という意味でもあるのです。実際うつになった方で、しばらく家族から離れ、離島で漁師さんの家にホームステイをして元気になられた方もいます。そうしたプロセスを経て家族にも次第に自分の本音を語れるようになることがあります。

親しい相手に本音を言えない人の傾向と対策

傾向 期待される役割や重荷を背負っている

家族の中の大黒柱、あるいは家族の中で理想的な良い母、良い妻の役割を果たしている人、あるいは会社の中で優秀な社員と評価されている人は、苦境に陥ったりつらい気持ちを抱えても、家族や親しい人に隠してしまう傾向があります。相手をがっかりさせたくない、心配させてはかわいそうと思い、元気な自分を演じてしまうのです。

対策1 本音を話しやすい安心できる第三者を見つける

つらい気持ちを話したり苦境を打ち明けたりするには勇気が必要です。ましてその相手は安心できて秘密を守れてあなたの味方になることが必要条件です。ですからこれに該当する人は非常に限られてしまいます。職業的に確実に秘密保持してくれるのは医療機関ですから安心できそうな医療機関を見つけておく、あるいはかかりつけの医師がいたらその医師に信頼できるカウンセラーを紹介してもらう、ということが役に立ちます。

対策2　悩みを種類別に分類して本音を話す相手を選ぶ

一人の親友にすべてを話そうとするとこれはかなり難しいものです。親友でも業種が違ったりで環境が自分と全く異なる場合、話をしても状況がわからず気持ちを共感してくれないこともあるのです。お互いに共通する環境があり共感しあえる部分を見つけてその部分を話してみるという姿勢で臨むと気持ちが楽になります。例えば女性の場合、学生時代に親友でも独身でキャリアを継続する人と、家庭で子育てをする人では共有できる部分が少なくなりお互いに失望しあうということがよく起こります。

対策3　遠くはないが近すぎない距離感の友を持つ

家族や親友ほど距離が近くない、職場の同僚でもない、利害関係がない、相手に良く思われる必要はない、良いかっこをしなくていい相手を見つけておくことは大事です。共通の趣味を持つ人などで、ほど良い距離感のある友を見つけておくとお互いにサポートしあえることがあります。

対策4　勇気を出してありのままの自分を語る

家族や大事な人につらさや苦しみを語るのは勇気が必要です。相手が心配するのではないか、がっかりするのではないか、と思いがちですが、本当の気持ちを話すことで相手はあなたをより信用してくれるようになります。そして一緒に問題を解決しようとするはずです。いつまでも相手の理想像を演じているわけにはいきません。どこかで疲れが出て燃え尽きてしまいます。思い切ってありのままの自分を語ると、心の自由が生まれます。

対策5　本音を語るステップを大切にする

とはいえ、心の中に悩みや不安をため込んで、いきなり本音を語ると相手はびっくりします。そして「それほどまで問題が大きくなるまでなぜ黙っていたの？」と非難することになります。非難されると「やはり言わなければよかった」と思い、口を閉ざしてしまうパターンが見られます。本音はため込む前に少しずつ状況を語っていくプロセスが大事です。少しずつ状況や気持ちを語る、つまり日々のコミュニケーションの中で親しい人と気持ちを語る時間を作るということが必要なのです。

良いことがあっても自分にダメ出ししてしまう人たちへ楽しめない理由を知る

良いことがあったり、うまくいっている時、それを楽しめず逆に不安になったり嫌なことを思い出す人がいます。「え、何それ?」「そんなことはあるの?」と思う方は全く問題ありません。しかし、もしそんな気分に思いあたるなら、この項目を参考になさってください。

相談ケース

30代のDさんは2年前、時間外労働や海外出張が重なるハードワークがたたり、適応障害による不眠やうつ状態を起こして半年間休職しました。復帰後は半年間、時間外労働を禁止して業務も負担が軽いものに変え、体調は回復しました。それまで服用していた薬も飲まずに業務ができるようになったのですが、Dさんはいつも自分に対して何か不満を感じてしまうようです。先日は時間外労働禁止が解け通常勤務に戻ったのですが、「通常勤務に戻ったとはいえ業務の内容は責任があるものではない。こんな程度の仕事しかできなくて、ふがいない。こんなことではいけないと思う」と自分を責めるような発言をしていました。良くなったことを素直に喜ぶことができないのです。そういえば復帰が決まった時も、それを喜ぶより「こんなに休んでしまった」という発言がありました。いつもこんなふうに、少しずつ物事が好転している時「これではダメ」という考えに捉われているようなので、Dさんにそのことを伝えました。

解決へのヒント

良いことがあったり、仕事でうまくいったり、人間関係がうまくいき、相手とわかり合えたと思ったりした時、逆にその良い状態を居心地悪く感じて落ち着かなくなり、否定的な考えが浮かんで、良い気分を壊してしまうような人がいます。良いことがあると落ち着かず不安な人は、「この良い気分がずっと続くはずはない」「いつまで続くか不安」「悪いことが起こるのが怖い」「こんなことで満足してはいけない」という思いに捉われたりしてしまいます。こうした不安感により、自分で良い状態や良い気分を壊すような言動をとったりしてしまいます。Dさんは「たしかに何かうまくいきそうな時、このくらいではダメだ、と思ってしまうんです」という答えでした。

「良いことにダメ出しする人」の傾向と対策

傾向1 常にマイナス要素を探してしまう

仕事で業績が上がった時「でもこれはたまたまだ」と考えたり、体調不良が回復した時「体調は良くなったが、ずいぶん休んでしまった」と考えたり、パートナーとうまくいっている時「いまは良いが、昨日のあの言葉は許せない」と過去の言い争いを思い出したり。必ず何らかのマイナス要素を見つけないと落ち着かず、マイナス要因が見つかると逆にほっとしたりする傾向がある方は、「良いことにダメ出しする人」です。

傾向2 悩みの悪循環スパイラル傾向

良いことにダメ出しする人は、マイナス要素を見つけるとホッとするのですが、そのあと再び悩み始めます。その悩みが解決しそうになるとまたマイナス要素を見つけて悩む、という悩みの悪循環にはまってしまうのです。

傾向3　親から受けたダメ出し体験

良いことがあってもついマイナス要素を見つけて自分を否定するような傾向を持つ方の話を聞くと、子どものころから親にダメ出しされてきたという方が多いことに気がつきます。

Dさんも子どものころから、良い成績を上げても一度はほめてもらえても「この程度ではだめ」などと言われた記憶が残っているそうです。手放しで評価されたり喜んでもらった経験がないということでした。このため良くできるのに自分はこのままではいけないという思いが強く、一流の大学を卒業して、語学も得意で社内で優秀な社員という評価を受けてきたものの、Dさんはいつも落ち着かず自分はまだまだダメだという思いに捉われて、仕事に過剰適応してしまい体調を崩したのです。

対策1　自分にダメ出しする癖に気づく

良いことがあった時、幸せで満たされた気分になれず落ち着かないような心の癖に気がついてください。こうした癖を続けると、常に悩みの悪循環スパイラルから逃れられなくなります。嫌な気分になった時「自分はまたダメ出ししていないか」と点検することも大事です。

対策2 「親の価値観」に反論する

「こんなことではだめ」「もっともっと」という考え方と価値観は親のダメ出し体験から自然に学んでしまった思考回路の場合が多いのです。親の価値観や考え方ではなく自分の価値観を確立しようと心に決めてください。そんなことで満足してはいけない、という声を封印することが大事です。

対策3 まず満足することで次につなげる

良いことがあった時、仕事がうまくいった時、人と心が通じ合った時、まずはそのことで満足してください。まずは満足する、幸せな気分になることは、次につながる大事なステップです。幸せな気分になったり満足することは悪いことではありません。仕事でも人とのコミュニケーションでも、一度満足してさらにスキルを磨いたりコミュニケーションを深めたりという、自分なりの目標を決めて進めばいいのです。

対策4 満足することを怖がらない

良いことばかりは起こりません。嫌なことも起こるはずです。だからこそ、良いことがあったらその時は十分幸せな気分でいよう、とすることが気分を前向きにするポイントです。嫌なことが起こった時に悩めばいいのですから、まだ起きてもいない嫌なことを想定して気分を暗くすることはないでしょう。良いことばかりは起こらない、だからこそ良いことがあった時は自分に満足して幸せな気分で過ごしていただきたいと思います。自分に満足したり幸せな気分になったりすることを否定することはないのです。

いつも「何かが足りない」と探し物をしている私、なぜ？

「子どものころから何かしようと思っても何かが足りなくてできない。大人になってもそう。自分はいつも必要なものが足りない」。そんなふうに感じていないでしょうか？　いつも〝探し物〟をしているあなたのための対策です。

相談ケース

専門的な資格を取り企業で課長職をしている30代の女性Eさん。後輩の女性たちから見ればうらやましいようなキャリアなのですが、自分ではまったく満足しておらず逆に自分は恵まれていないと感じているそうです。子どものころなりたかった職業は「容姿が伴っていない」とあきらめて、自立できるように資格を取りました。資格を取ったら気持ちが晴れるかと考えましたが、もっといい資格を持っている人もいて面白くないのです。ならば、と頑張って管理職になりましたが、なったらなったでかなり忙しく、その割には給料がいまひとつ。転職も考えましたが、新型コロナウイルス感染拡大で転職は難しい時期。後輩や同級生が結婚して幸せそうな様子を見聞きすると、自分は恋人もいないのが不幸に思えてしまうのです。結婚したら幸せになるのだろうかと考えたりします。いつも自分は条件がよくない、頑張っても何かが足りなくて探し物をしている感じがするのです。

解決へのヒント

いつも「何かが足りない」と感じている人、「自分が幸せになれないのは○○が足りないから」と考えている人がいます。幸せになったりいい気分で過ごしたりするには必要な条件があると考えているのです。その条件を整えるため不足しているものを手に入れようと頑張ります。しかし実際に手に入れても満足できない、という悪循環に陥ります。

「何かが足りないと思う人」の傾向と対策

傾向1 足りないものや欠点に注目する

いつも何かが足りなくて自分は条件が悪いと考えている人は、自分に足りないものを探すのが得意です。自分の欠点や不足しているものばかりに注目します。そのため気分がどんどん落ち込み不機嫌になり、自分に対する肯定感をなくしていく危険があります。自分を不幸の主人公のように感じてしまうこともあるのです。そんな状態で愚痴を言い、周りの人をうんざりさせて人間関係がぎくしゃくすることがあります。

傾向2 不足しているものを手に入れることに全力を集中する

何かが足りないと感じている人は、不足したものを手に入れたり、自分の欠点を克服することに全エネルギーを注ぎます。努力家なのです。不足しているものを手に入れれば幸せになれると考えているので、手に入れるまで頑張り続けます。

傾向3　探し物スパイラルにはまり空虚になる

不足しているものを努力の末に手に入れても一時的にはほっとしますがすぐに空虚な気持ちに襲われます。新たな不満が生まれるのです。そしてまだ自分には何かが足りないと不満の要因探しを始めます。このように「探し物スパイラル」にはまり抜け出せなくなることがしばしばです。

対策1　自分が持っている条件に目を向ける

不足している条件に目を向けたら、自分が持っている条件にも同じように目を向けることが必要です。Eさんの場合は、仕事ぶりを認めてくれる女性上司がいてサポートしてくれます。また後輩も素直で協力的です。仕事は忙しくても他の部署にはない良好な人間関係があるのです。Eさんは健康で、ご両親も健在です。そうした自分が持っているものに目を向けることで「不幸の主人公」になる気分を脱却します。

対策2　持っているものを活用する

足りないものを求める努力は必要でしょう。ただそこに全エネルギーを注ぐのではなく、既に持っている良好な条件を活かすことにもエネルギーを注ぐことが必要です。自分が持ち合わせているいい資質を活用することで「自分はこれでいい」という感覚が生まれます。

対策3 足りない条件と足りている資質をコラボする

自分が持ち合わせた条件を活用しつつ、足りない部分を補おうという方針を決めると、「探し物スパイラル」から抜け出すことができます。何かが足りないから不幸なのではなく、足りない何かだけに注目することが不幸なのだとわかるはずです。たとえ不足している条件や資質があっても、自分が持っている資質、能力、人間関係を活かそうという気持ちがあれば、心の充足感が生まれます。

「空気が読めない」は悪？周囲とうまく付き合う資質に変える

「私って空気が読めない？」と心配している人がいます。でもそもそも空気が読めない人は、自分が空気を読めない人間だということに気がつかないものです。自分は〝ＫＹ〟ではないか――と気にしている方はなぜそう思うのか、原因を探りその資質を生かすための対策を考えます。

相談ケース

企業で事務職をしている20代のＦさんは、休憩時間などに同僚と話をしていると、よく相手に「えっ」という顔をされるそうです。時には、数人で話しているときに、受けを狙ったのではないのに自分の発言で大笑いされたり、「天然ね」などと言われることも。そのため自分は場の空気が読めないたちだと思い、同僚との会話を避けることが多くなり、気分が落ち込みがちだということです。

解決へのヒント

自分は空気が読めないのではないか――と不安になっている人は、基本的に空気が読めないということではなく、早合点したり、早合点したままで確認せずに自分の意見を話し出したり、ものの捉え方が人と違うということが多いのです。ほかの人と違う視点で物事を観察したりすると、ほかの人は驚いたりします。「えっ」と言われるのは意外性があるからです。大笑いされるのもその意外性が笑いを生んでいる場合が多いのです。ですから自分のものの見方、発言に自信をなくして発言を避けるのではなく、あなたの資質を生かしつつ人に違和感を与えずにいい関係を作ることを目指してはいかがでしょう。

「空気が読めない」不安を抱える人の傾向と対策

傾向1 早合点したまま突っ走る

「空気が読めない」と不安になる人は、相手の話を少し聞いたところで急いで応えなくては、という思いで発言する傾向があります。早合点したまま急いで考えをめぐらしそのまま話す傾向はありませんか？　相手が「あなたの考えは違う」と言う前にどんどん話を進めてしまい、周囲から笑われたりします。

傾向2　確認や見直すことが苦手

相手の話を要約して確認したり、自分の考えが合っているか見直したりすることが苦手です。つまり先へ先へと進むのは得意ですが、立ち止まって確認する作業が苦手で省いたりするので、周囲からは見当外れのことを言っていると思われることもあります。

傾向3　物の見方に独自性がある

物事の捉え方や感じ方が人と異なり、独自性がある場合、周りから大笑いされたりすることがあります。こうした傾向は悪いことではありません。人がみんな上から物を見ているような時に横から見ていたり、違う視点で見たり感じたりしていると、周囲からは「えっ」という目で見られるのです。でもそれは悪いことではなく新鮮な驚きと言えます。

対策1 相手の話をよく聞く

まず人の話をよく聞きましょう。相手が何を話したいのか、何が今の話題の一番重要なテーマなのか、分析しながら聞くことです。早合点したまま途中で発言したりせず、最後まで聞いて相手の話のテーマは何かを自分でまとめてみます。

対策2 相手に確認する

相手の話を聞いたら自分の頭の中で内容をまとめ、必要なら相手に確認します。「それはこういうことだったのよね」などと確認してみます。確認は相手への共感へと発展することができます。「それはこういうことで大変だったよね」とか「それはこういう感じで嬉しかったよね、よかったわね」というように会話することも可能でしょう。相手との距離が縮まります。

対策3 独自性を大事に

物の見方が人と違うと恐れることはありません。自分の感じ方を大事にして自信を失わないことです。映画でもテレビドラマでも人が面白いと思うものを面白く感じないかもしれません。それは悪いことではないと思います。自分の感じ方や物の見方はこうだ、と確認してから人の感じ方などを聞いてみます。

相違点などを話し合うとお互いをより深くわかり合うことができるはずです。違ってもいいから、逃げずにお互いの違いを話して確認し合うことが必要です。「こんなに違って面白いね」という結論に達した時、相手との関係が深まるでしょう。それは「KY」不安を抱く方だからできる、良好な関係の築き方と言えます。

大切な人が死を選んでしまわないように…周りはどう支えるか

俳優の三浦春馬さんの突然の訃報（2020年）は多くの人に衝撃を与え、悼む声は今なお続いています。自死では「なぜ救えなかったのか」と自責の念を抱え一番つらい思いをするのは身近な人たちです。死を考えるほどの悩みを抱えている人は、何かしらサインを発信しているものです。しかし中にはそんなそぶりを見せず、かえって元気そうに振る舞う人もいます。自死という悲しい選択を防ぐために、家族や友人、職場の同僚など周りの人は何に注意し、どう振る舞えばよいのか。注意すべきサインとその対処法についてご紹介します。

感情を抑えた笑顔の陰でうつ進行も

自死には、健康問題や経済問題、人間関係などさまざまな原因があるとされています。そうした原因で、強いストレスを抱え込み心の活気が低下した、うつ状態に注意が必要です。特に心配なのは、周囲から普段「元気な人」と思われていて弱みを見せられない場合です。周りの人に心配をかけてはいけないと感情を抑え、我慢してしまう人も危険度が高いといえます。いつも穏やかでにこやかと思われている、とつらい顔をすることができないものです。診療していて笑顔でお話をなさる方に違和感をおぼえて心理テストをしてみると、うつ状態が進行しているようなことがよくあります。

いつも「強く元気な」仮面をつけて自分の感情を抑え続けていると、いつの間にか自分の感情に気がつかなくなります。失感情症というような状況で、つらい、悲しい、怒っているという感情がわからず麻痺していき、心の活気が低下してうつ状態に陥ります。さらにこうしたことを話し合う場がなく将来の希望が全くないように感じる状態で、死しか選択肢がなくなることで追い込まれていくことが多いといえます。

周りの人が気をつけたい心のサイン

周りの方にまず気を配っていただきたいのは、うつのサインを見逃さないことです。自殺の多くはうつ状態が存在していますので、まずうつ状態を治療することが大事なのです。

まず気をつけたいのは、気分のサインです。

周りからみて普段よりだるそう、ぼんやりしている、ちょっとした頼み事をしにくい雰囲気がある、口数が減って表情が乏しくなったというものです。イライラして怒りっぽくなる人もいます。こうしたサインは、睡眠の質の低下や発熱、体の痛み、胃腸障害などの身体症状からくる場合もあります。

家庭ではおっくうそうにごろごろし、朝なかなか起きてこないことが増えるといった行動のサインとして表れます。また食欲の低下や過食の傾向が出たりします。

コロナ禍により普段のように直接会えないと相手の状態がわかりづらくなります。リモートにより気がつきやすい点としては、例えばビデオ通話で時間を決めて会うような場合に、普段は几帳面（きちょうめん）な人が時間を忘れていたり遅れたりすることが続くような場合です。また画面越しで服装や化粧などの身だしなみ、部屋の様子が乱れていて違和感がある場合などです。普段その方が熱中しているような話題を振っても無関心な様子の場合なども心配です。

対面でマスク越しに表情を見るより、リモートでマスクを外し画面越しに話す方が、相手の表情がよく見えるものです。音声だけの電話ではなくスカイプやFaceTime、Messengerなどを利用するのもいいでしょう。

特に気をつけたいのは言葉のサインです。「もう生きているのが疲れた」「自分がいないほうが周りは幸せ」「死にたい」などという言葉を聞いたら赤信号と捉えてください。「死にたいという人は死なない」というのは誤りです。冗談のように話すこともありますが、決して冗談ではないことが多いのです。死にたいと考えている人は、誰かに止めてほしいと思い心が揺れているものです。

サインが見えにくい場合がある

人に自分の弱みを見せたくない、という心理が強い場合、気持ちが落ち込むという話は自分から切り出せないことが多いのです。特に仕事上の役割に縛られている場合、つまり「頑張り屋」「弱音を吐かずにやり抜く人」などというイメージで仕事をしてきた方は自分から「つらい」とは言えず自分をさらに追い込んでしまうことがしばしばです。

家庭の中でも身近な人ほど弱音を吐けない場合もあります。身近な人ほど心配をかけたくない、という思いで家でも元気なふりをしてしまい、周りが気づかないこともあります。医師の前でも元気なふりをして「大丈夫」という方もいるくらいです。

もう一つ注意が必要なのは、一見問題が解決したかのように見えてうつ状態が少し良くなってきたとき突然自死してしまうことがあるのです。電話で「元気で大丈夫」と話した直後に自死が起こる場合もあり、「少し良くなってさばさばした様子」に見える時にリスクが高いということがあります。

まず声がけしメッセージをおくる

身近な人にこうした異変を感じたら、まず声がけをしてみるのがいいと思います。自分からは言い出せなかった方も、周りからちょっとした声がけをされることで、声をあげるきっかけになることがあります。

その際〝上から目線〟にならないよう注意してください。いきなり「何か変だから病院に行くように」などと言われても受け入れられないでしょう。例えば、

◎自分は最近忙しいけど、そちらはどう？　疲れていない？

◎暑かったり涼しくなったりで疲れるよね。体調どうですか?

というように共通のテーマをもとに声がけをして話し合うきっかけを作り、必要なときは手伝いますよというメッセージを伝えます。また職場などではお昼に一緒に行こう、あるいは仕事終了後にちょっとお茶を飲もうなどと誘って話をする機会を作ることもいいと思います。

次のような対応はNGです。

■早く元気になってください・頑張ってください

↓これはさらにプレッシャーになります

■あなただけじゃない。もっと大変な人もいる

↓こう言われたら、つらい気持ちを話せなくなります

■泣いている場合じゃない

↓泣くことは、感情を表現して気持ちを楽にする方法です

また言葉のサインに気づいたとき、聞かなかったふりをして無視したり話をそらしたり、「そんなことは言わないで」と拒否したりせずに、そう思うのは心のエネルギーがなくなっているからだと伝え、受診につなげてください。

専門家や相談窓口につなげる

身体が不調のときはすぐに病院で診てもらおうとする人でも、心の不調での受診はハードルが

高いのが現状です。ですからまずは体調をきっかけに受診をしていただくと円滑にサポートに結びつくと思われます。

うつ状態で心の活気が低下している場合、特に普段「弱音を吐かない元気な人」というイメージの方は、身近な人に相談しにくいものです。そうした場合は第三者で相談に応じてくれる専門家を見つけその方につなぐことが大事です。自分一人で何とかしようと頑張るのはリスクがあります。特に自傷行為の危険があるときなどは、まず信頼できる仲間でチームを組んで声がけをし、すぐに精神保健の専門家につなぐことが大事です。悩みを抱えた人が利用できる相談窓口など、必要な情報を調べ教えてあげる情報支援も大事です。抱え込むのではなく「支援につなぐ」ということを念頭になさってください。

また心の不調のご家族を持つ方たちへのサポートも大事です。周りの家族が心の負担を背負うことがあります。相手に自分のつらさを話すことができなくなり自分が疲れることが多いのです。ご家族自身も相談窓口などを利用して、心の負担を軽くしていただきたいと思います。

●いじめ・自殺・ハラスメント＝悩み相談窓口＝2021年2月15日現在（厚生労働省のサイトより）

「いのちの電話　ナビダイヤル受付センター」☎0570・783・556

「こころの健康相談統一ダイヤル」☎0570・064・556

「24時間子供SOSダイヤル」☎0120・0・78310

愚痴の聞き役で疲れる人 その共通点と対応策

なぜかいつも上司の愚痴(ぐち)の聞き役になっている、友達の愚痴ばかり聞いて疲れてしまう、と悩んでいる方は意外に多いのです。なぜ自分だけ聞き役なのか、どうしたらその役割から脱却できるか、対策を考えます。

相談ケース

化粧品メーカーで事務職をしている30代のGさんは、ここ数年、40代の女性上司の愚痴で悩んでいます。といっても愚痴はGさんに対するものではなく他部署の女性や取引先の男性に関するものです。他部署との打ち合わせから戻ってくるなり「ちょっと聞いてよ」と始まるのですが、Gさんは忙しいからと断る間もなく、機関銃のような愚痴に圧倒されて力負けした感じになりあきらめて聞く、というパターンが続いています。かなり言葉も汚く、聞いているだけで気持ちがめげてきます。同じ部署の他の社員はうまく逃げていて、いつもGさんが聞き役です。

解決へのヒント

愚痴を聞かされる人は、愚痴を言う人に対して反論しないという共通点があります。愚痴を言う人は、反論してくる人には愚痴を言わない、つまり何を言っても自分が傷つかない安心な相手にだけ愚痴を言うのが特徴です。あなたはただ黙って聞いているのではありませんか？　これが聞き役から脱出するヒントです。

「愚痴を聞かされる人」の傾向と対策

傾向1　愚痴を言う人のイエスマン

愚痴を言う人はとにかく聞いてほしい、そして同意、共感してほしいのです。ですから絶対に反論しない相手を選び、愚痴を言います。安心できる相手、否定されない相手を選ぶのですが、だからといって、聞き役を尊重しているわけではありません。力関係から自分の言うことを聞くのが当たり前だと考え、自分の感情のはけ口、うっぷん晴らしの場にしているだけです。年齢や役職などの上下関係が、愚痴る人と聞き役を作る要因になっていることが多いのです。

傾向2　聴く力と共感能力が高い

愚痴を言う人は相手に同意、共感してほしいのですから、共感能力の高い人にしか愚痴ることはしません。愚痴の聞き役のあなたは、ご自分は聴く力と共感能力にたけているのだと自覚してください。それは人とコミュニケーションをするための大事な力です。とはいえ愚痴を聞いて相手に共感しようとしても「とてもそうは思えない、それには共感できない」と感じることが多いのでしょう。だから疲れてしまうのですよね。感情を無理強いされる感じがして、聞いているうちにめげてきてしまうのです。こうした現象は親子関係の中でもしばしば見られます。例えば家庭で両親の仲が悪く、父親の悪口を母親からいつも聞かされている子どもの場合などです。親には逆らえないから愚痴を聞くけれど自分はそうは思えない、でも反論できないという中で、心が傷ついてしまうのです。

対策1 「私はあなたの感情のゴミ捨て場ではない」と心の中でつぶやく

愚痴を言われそうになったら、心の中で「私はあなたの感情のゴミ捨て場ではない」もしくは「私はあなたのうっぷんのはけ口ではない」とつぶやいてください。心の中でつぶやいていると、姿勢や態度、にじみ出る雰囲気が変化します。これを続けていると、相手がこの人は何を言っても安心、と安易に声をかけにくい雰囲気が出るものです。この雰囲気作りは意外に効果があります。

対策2 テンションを緩め調節する

愚痴を言う人は、高いテンションであなたに話しかけるはずです。興奮していて攻撃的になっているので、交感神経が高まり早口で話すでしょう。このテンションをそのまま受けてしまうと疲労のもとです。相手の興奮したテンションを感じたら、息を止めずに軽く唇を開けて息を細くゆっくり吐いてみます。こうした呼吸をすると肩の力が抜けてあなたの緊張状態が低下します。こうして会話に漂うテンションを調節すると、愚痴の受け止め方が楽になります。

対策3　「愚痴は聞いても同意はできない」と心の中でつぶやく

相手は共感を求めているはずです。「そうですよね。大変ですね」「同感です」というような言葉を期待しています。その際「そうですね」を「そうですか」に変えて答えを返してみてください。語尾は上げずに。角は立たない、しかし、一方的に愚痴を聞くだけではない対応になります。

対策4　最後の手段としての〝奥の手〟

愚痴の聞き役が悩むのは、その相手との関係性を断ち切れないからでしょう。会社の上司や実の親などは、今後関係を断つことが難しく逃げられないことがわかるのでつらいわけです。こんな場合、最後の手段として逆に相手に自分の抱える問題を話してしまう、という方法があります。例えば、Gさんの場合、上司が取引先の悪口を言った場合、「そうなんですか、大変ですよね。私も同じようなことで困っているのですが、何かいい方法はあるでしょうか。教えてください」などと聞いてしまうのです。相手に上司としての自覚を持ってもらうことと、問題に対し単に不満を言うだけでなく、対策を考える方向に思考回路を転換することができます。

何年も前の「毒発言」にいまも振り回されていませんか

教師や上司や友人から言われた一言で心が傷つき、いつまでも忘れられなくなっているという悩みを聞くことがしばしばです。何年も前のことなのになぜ忘れられないのか、対策を考えます。

相談ケース

部下を持ち順調に仕事をこなすHさんですが、入社2年目の時、上司に「下手なプレゼンだな。君に任せたのは失敗だった」と言われたことが忘れられません。10年以上経っても、ことあるたびにその言葉が思い出され嫌な気分に陥ると言います。現在プレゼンの機会は多く、簡潔でいいプレゼンをすると言われることもあります。それでもHさんは自信が持てず、プレゼンをしなければならない時になると常にあの言葉を思い出して打ちのめされる感覚に陥るそうです。気を取り直して仕事をするのですが、いつまでも忘れられない自分に対しても怒りを感じると言います。

解決へのヒント

ずいぶん前のことなのに記憶に刻まれてしまってそこから抜け出せない、似たような場面でいつも思い出してしまう、嫌な記憶が反復してよみがえり現在から過去に戻ってしまう。こうした状況が起こっていることを理解してしっかり対策を立てることが大事です。

毒発言の記憶を忘れられない時の傾向と対策

傾向1　同じような状況になると思い出す

嫌なことを言われた時、私たちの身体にはストレス反応が起こります。アドレナリンや副(ふく)

腎皮質ホルモンなどのストレスホルモンが放出され、血圧が上がり心拍数が増加します。手に汗をかいたりドキドキするなどの反応が起こるわけです。こうした記憶は脳にインプットされて焼き付いてしまい、何年か残るといわれています。そして同じような状況に出合うと再びよみがえることになります。例えば体内に残っているウイルスが身体の抵抗力低下の影響でまた復活するような状態と言えます。

傾向2　思い出す場所や状況を避けてしまう

Hさんはプレゼンで上司から「下手」と言われた後しばらく人前で報告したり話したりすることが怖くなったそうです。「また傷つけられたら怖い」と思い行動を回避してしまうのです。これが続くとだんだんそのことができなくなり自信がなくなります。

対策1　トリガーに気づき準備する

自分がどのような状況で嫌な言葉を思い出すか、自信がなくなるか、把握しておくことが必要です。Hさんの場合はプレゼンの前、その上司の顔を見た時に嫌な感情がよみがえるのです。ですからこうした時は事前に心構えをしておくことが大事です。自分がこれまで努力して進歩してきたことを思い出したり、先輩やほかの上司から評価されたり、仲間からかけられた温かい言葉などを思い出しておきます。

対策2 記憶を上書きする

嫌な言葉を思い出すと一瞬にして過去に戻り身体と心に反応が起こります。そんな時すぐにしていただきたいのは、嫌な記憶をいい記憶で上書きしてしまうことです。人から評価されたり温かい言葉や態度を示されて幸せな気分になったことを思い出し、嫌な記憶に上書きしてしまいましょう。そうして過去から現在に戻ることが大事です。

対策3 「味方」の後押しで場に臨む

自分はもう過去の自分ではない、という自覚を持ってください。Hさんはかつては入社2年目で経験のない社員でした。でもいまは違います。「自分はもう前の自分ではない」「いまはそんなふうに言われることはない」。不当な言葉から自分を守る、という気持ちで自分の味方になり後押しするつもりで嫌な場面に臨んでください。Hさんは幸いにも大学時代の先輩から「プレゼンは避けずに機会があればやったほうがいい」と後押しされてとりあえず続けてこれたそうです。

対策4　あなただけではないことを知る

過去の嫌な言葉をいつまでも覚えている自分をだめな人間だ、弱い人間だ、と思わないでください。多くの人がこうした嫌な思いを引きずって苦しんでいるのです。失敗は誰でもするものですし、うまくいかないこともあるのが当然です。うまくいかなくてHさんのように言葉に傷つき打ちのめされた時は、信頼できる先輩や友達に話してみてください。意外に同じような体験をした人も多いはずです。

容姿や収入、仕事の成果も…すぐ人と比較して落ち込む癖を直したい

自分の容姿・能力・持ち物・収入などをすぐ人と比較して落ち込んでしまうという悩みを持つ方、多いですね。「比較はやめよう、人は人」。そう思いたいけれど思えない——そんな心の癖を直す方法を考えます。

相談ケース

営業職のIさん（30代）は何でもすぐ人と比較してしまうことが悩みだと言います。比較していい気分になれればいいのですが、いつも比較しては落ち込んで気分が低下するのです。先日も仕事でいいクライアントと契約して一度はいい気分になったのですが、同僚も同じようにいい業績を上げたのでIさんは自分の契約と比較して自分の業績の価値がなくなった思

いがしたそうです。お話を詳しく伺うと、実際には同僚の業績はＩさんの契約とは内容も対象も全く異なるので比較はできないものなのですが、Ｉさんは売り上げを比較して自分とほぼ同じだったにもかかわらず、自分の価値が下がった気分がしたのです。

解決へのヒント

自分の価値を周囲と比較して決めるという傾向は多くの方がついしてしまう思考習慣です。例えば給料が月40万円だとして、周囲の人の平均的な収入が20万円なら満足を感じるものですが、周囲の人が60万円だった場合は不満に感じるものです。私たちは自分で設定した絶対的な基準ではなく、相対的な基準で物事を捉えてしまう傾向が強いのです。

相対的基準から自分の基準に転換するための対策

傾向1 比較する心理の根底には「自己関連づけ」という要素がある

「自己関連づけ」というのは例えば次のような場合を言います。初対面の人も多い会議に出席した場合、そこにいる人たちを見て「あの人は自分よりデキそうか、自分より外見がかっこいいか」などとすぐ比較を始めたり、みんなに見られて比較されているような気分になるといった心の動きです。また社内で上司が「最近、部屋が汚れている」とぼやくと、自分が責められているように感じたり、上司が同僚をほめると、自分はだめだと言われているような気分になります。上司が同僚を休みなくよく働くと評価すると、自分が勤勉ではないと言われているように感じたりします。

さらに恋人が誰かの容姿をほめると、自分はそれに比べてだめと言われているような気分になって落ち込んだり、同僚が「仕事が忙しい」とぼやくと、あなたは暇だと非難されているような気分に陥ったりします。

傾向2 「自己関連づけ」心理に陥ると不適切反応でトラブルを起こす

「自己関連づけ」とは、周りのすべてのことが自分に関係していると思い込み、周りと比較して自分のことを否定的に捉える思考の癖です。自己関連づけをすると自分は不快になったり気持ちがうつに陥ったりします。「比較された」と思い不快さを我慢すればうつ気分に陥ります。一方、怒りで反応すると、相手がそんなつもりがなく発言したり行動したことへの過剰反応となりトラブルを起こすことがあります。相手からは被害妄想と言われ関係性が悪化することもしばしばです。

傾向3 子どものころから親に比較されてきた場合

子どものころから兄弟姉妹と比較され傷ついてきた場合や、成績などを他者との比較でほめられたり怒られたりして育つと、自分の中で価値基準の設定ができず、常に人との比較で自分の価値を判断し、それにより気分が左右されるという傾向があります。常に周囲と比較して「勝ちか、負けか、上か下か」と気にする心の癖がつきやすいのです。

傾向4　「自己関連づけ」は自己肯定感を低下させる

「自己関連づけ」は自己肯定感を低下させる思考の悪い癖とされています。不要な比較をして最終的に事実をねじ曲げて捉えてしまうことで、不必要に自分はだめと思いこんでしまうのです。

対策1　「自己関連づけしていないか」自問する

「自己関連づけ」に陥ってしまうと自分で気がつくのはとても難しいのです。事前に予防するのは困難と言っても過言ではありません。ではどうするかというと逆に不快な気分で怒りが込み上げたり、うつ気分になった時、「自分はいま自己関連づけをしているのではないか」と自分に問いかける時間を作ることが役に立つはずです。人と自分を比較して「自分はダメだ」と考えている場合の多くは自己関連づけによるものである、という学者もいます。また相手の発言が自分に向けられているのか否かについても、冷静に判断することが大事と言えるでしょう。

対策2 自分の基準を作る

仕事の業績や収入、自分の生活のありかたなどで、まずは自分がこうありたい、これを目標にしようという自分なりの理想の基準を作成します。比較は常に自分の理想とで行います。他者との比較をせず、常に自分の基準との比較をするという習慣に変えていくのです。心の中で他者と比較を始めたら「ストップ」と自分に言い聞かせる習慣を作るのです。

対策3 ストップ&修正のステップを習慣にする

比較や自己関連づけで反射的に反応したり、うつ気分になる場合、これは変だ、と立ち止まり、その思考を修正して新しい思考習慣を作ることが必要です。常に自分の理想と比較するという習慣を心がけることで自己肯定感を回復させてください。

損な役回りから脱却する3つのステップ
都合のいい人をやめよう

本当は嫌だけど一度引き受けたら、次も頼まれていつの間にかそれをするのが当たり前になっていることはないでしょうか？　その役回りから脱却するための方法を考えます。

相談ケース

30代のJさんは広告関連企業の事務職です。業務は各部署の進行状況の確認と連絡などですが、終業間際に業務の連絡が入るとなぜかJさんが引き受けて対応することになってしまうのです。スタッフは数人いて同列で仕事をしているのですが、この時間の業務はJさんが対応するという法則が何となくできているように感じて嫌だと言います。家庭がある女性が多かったり家が遠かったりするスタッフもいるので何となく引き受けているうちにこうなってしまったようです。

40代のKさんは半年前から、パートで働く近所の友達から頼まれてお子さんを週2回預かり、自分の子どもと一緒に遊ばせたりしています。最初は決まった時間内とのことで軽い気持ちで預かったのですが、最近お迎えが遅くなりがちで困っています。一度遅くなるという連絡に「いいですよ」と言ってから、ずるずる時間が延びて、夕食時間近くまで待つこともあります。多少遅くなっても平気と思われているようで、どうしたらいいかと困惑しています。

解決へのヒント

これらのケースのように損な役回りになってしまう人は、その役割を担うのが当然だというようなイメージで見られていることが多いのです。この人には頼んでも断られることはない、別の人に頼んで断られたら自分が不快な思いをするだけだし、ということで「頼みやすい人」「言いやすい人」に頼む、そして依存する、ということになります。まずはこのイメージを変えることが必要です。

損な役回り「都合のいい人」の傾向と対策

傾向　即座にイエスと答える人の落とし穴

頼みやすい人と頼みにくい人があることはおわかりでしょう。頼みやすい人は二つ返事でイエスと答えているものです。嫌な顔をせず即座に引き受ける人は周りから「気持ちよく仕事を引き受けてくれて」気持ちがいい人、と言われます。

あなたはいかがでしょう。ただ最初は感謝されるのですが、次第にあまり感謝されなくなるものです。引き受けてくれるのが当たり前になっていくのですね。

そうなってしまったという方はいまからでも遅くありません。「都合のいい人」から脱却しましょう。

対策1　自分を主語に考える

頼まれた時、即座に相手にイエスと言う前に、自分にとってそれはイエスかをまず考えます。相手主導でなくまず「私はそれができるのか、それを引き受けられるか」と自分を主語にして考えてみます。そして自分ができるか、やりたいかを明確にします。

対策2　心地よく即答、迷ったら期限を明示

自分を主語にして考えた時、引き受けたい場合はすぐにイエスです。しかし、無理かなと迷う場合、あるいは引き受けたくない場合は、すぐに引き受けるのはやめましょう。ただし頼まれた時すぐに気持ちいい返事をすることは大事です。ではどう答えればいいでしょう。「はい、了解です。スケジュールを調べます」「できるかどうか調整してみます」などと答えた上で、いつ返事するかを相手に伝えます。例えば「今日夜までにできるかどうかお答えします」など、期限を明確にすることが大事です。相手は期限が明確にされたことで安心します。またあなたが引き受けない場合の対応を考えることができます。

対策3　難しいなら代替案を示してみる

頼まれたとおりに引き受けるのは無理だけれど相手を手助けしたいという場合は、代替案を提示すると相手も助かります。例えば日程や場所の変更など、さまざまな代替案を示すと相手はあなたのやる気を感じてくれるはずです。

まとめ

3つのステップで「都合のいい人」を脱却しましょう。この3つのステップを踏むと、相手はあなたに気安く丸投げしなくなるでしょう。何でも引き受けてくれる人ではなく、できるときはやってくれる、できないときは断る、でもできる限りやってくれる人、と思われるようになります。そして引き受けた場合は、当たり前とは考えず、きちんと感謝してくれるはずです。

「都合のいい人」から脱却するのは勇気が必要です。しかし「都合のいい人」のままでいるとストレスがたまり、体調を崩したりします。勇気をもって一歩踏み出してください。

知人ががんと知ったら、どう接する？

２０１９年、競泳・池江璃花子選手の白血病公表で励ましの声が広がりました。その一方で当時の五輪担当大臣の発言が不適切という批判も広がる中、がんに罹患した方にどのように接したらいいのだろうというとまどいを感じられた方も多いと思います。

血液のがんといわれる白血病を含め、がんと新たに診断される方は年間約１００万人にのぼります。職場の仲間、知人、親戚、ご近所の方などががんにかかったという知らせを受けたときどのような気持ちでどのように接することがサポートになるのかについて考えてみたいと思います。

「がんは死に至る病」という認識をあらためる

がんは死に至る病であり、がんと診断されたらもう終わりと思っている方が多いことに驚きます。確かにがんはほかの疾患に比べて命のリスクは高い病気ですが、その治療法は月単位で進歩しています。２００９〜２０１１年にがんと診断された方の5年生存率は64％を超えています（「国立がんセンター・がん情報サービス」より）。がんと診断されたらもう終わりではないということをまず認識していただきたいと思います。

がんと診断された方がショックを受ける言葉

残念ね、かわいそう、は相手を傷つける

がんのサバイバーの方が参加する医学の学会で伺った話です。子宮がんと診断された30代の方ですが、「残念でしたね」と言われたのがショックだったといいます。「私は残念な人なのか」と思い涙が出たとおっしゃっていました。また乳がんのサバイバーの40代の女性は「検診を受けなかったの？」と言われ、責められている気になったそうです。「かわいそう」「若いのに」という言葉に含まれる憐（あわ）れんでいるような感じも違和感を感じさせる言葉です。肺がんの方からはたばこを吸っていないのに「たばこ吸ってたんでしょう？」と言われてショックだったという声がありました。

がんという烙印で傷つくことも

がんイコール死に至る病というイメージのためにもう仕事はできない、と思われ「あの人はもうだめだろう」という烙印（らくいん）を押されてしまうことがあるのがつらいということも多いのです。周囲のそうした噂話（うわさばなし）は闘病中の方を傷つけるものですから、絶対にやめていただきたいと思います。

「死ぬのは同じ」という不適切な慰め

30代の乳がんのサバイバーの方の話です。「知人から自分たちも交通事故でいつ死ぬかわからないから」と言われ、不快だったそうです。「その人は慰めるつもりかもしれないけど、現実でがんと向き合っていない人が感じる死への恐怖と同じにしてほしくない」という意見で、もっと

もだと思いました。

周囲がしてはいけないこと

1 間違った治療情報を流さない

がんと診断された方がまず向き合うのが、どの治療法を選択するかという問題です。治療法については医師と話し合い自分の希望を伝えて共同で選ぶのですが、この時医師の立場から非常に困ることがあります。患者さんはなぜか医師の話より知人から聞いた話を信じることがあり、エビデンスがある治療法は副作用が怖いと言って、高額でエビデンスのない治療法に頼り症状を悪化させてしまうことがあるからです。標準治療というのはきちんと統計的に検証され効果があると確認された治療法だということを知ってほしいと思います。

2 ほかの人の治療法と比較しない

ほかの方がよくなったからといってその治療法を勧めるのは禁物です。がんはタイプにより治療法が異なります。また進行している度合によってもその方のその他の器官の状態によっても異なり、患者さん一人ひとりに合わせるオーダーメイドの時代です。ほかの人がこうして治ったから、という情報を安易に勧めるのは危険です。

3 治療に専念ということば

あるサバイバーの方の体験です。治療のあと気分を変えるために病院の近くのショッピングセンターに行ったら、たまたま近所の人に会い「こんな所にいていいの?」と言われ、ショックだったということです。医師から特に問題ないと言われていることなのに、とせっかくの気晴らしが裏目になったそうです。

「治療に専念」から「治療を最優先に」

「治療に専念」から「治療を最優先に」。これが適切な認識ではないかと考えています。治療は最優先にしてほしいことですが治療に専念、ということを押し付け、生活のすべてを治療にしないでほしいと思います。がん治療はその方の最優先課題ではありますが、人生のすべてを治療のために犠牲にするのではなく、したいこと、興味があることをできる範囲で続けることが、がんにかかった方の生活の質をキープし心を支えるポイントになります。

多くのサバイバーの方から話を聞くと、治療だけが生活のすべてだと、自分が社会から切り離された気分になり落ち込むということです。無理がない範囲で興味があることを生活に加え、新しい価値観を作っていくことが励みになったという言葉を聞きました。周りの人たちはこうした思いをくみ取って接することが大切です。

がんイコール死ではありません。しかし生きることと真剣に向き合い、人生を見つめるきっかけとなる病といえます。がんのサバイバーの方々とお話しすると毎日を大切に生きているその生き方から学ばせていただくことがとても多いことに気がつくのです。

人前で話すのが苦手 緊張して動悸がひどくなり顔が赤くなるのが苦痛

プレゼンが苦手ではありませんか？　緊張しないように、と気をつけていても、いつも緊張してしまう人にはある傾向があります。その傾向と対策について考えます。

相談ケース

Lさん（30歳）は企業の総務に勤務しています。会社の人間関係に問題はなく、必要な業務に関して1対1で連絡したり上司に報告したりする時はなにも心配はありません。ただ全体会議で発言する場合や大勢の前で報告しなければならない時には心拍数が上がって息苦しくなり、緊張で顔は紅潮し手が震えるので困っているといいます。これまでは全体会議で発言するようなことはほとんどなかったのですが、次第に役職が上がり意見を求められたり発表しなければならないことも増えて、Lさんは会議がある日は前の晩から気持ちが落ち込み寝つきが悪くなると言います。最近は会議のある日は会社に行きたくないと思うまでになり、悩んでいます。

解決へのヒント

人前で話そうと思うと緊張する、という悩みを持つ方はとても多いですね。そうした相談を受けることがしばしばです。ただ「人前」と一言で言っても、友人の集まりや家族の集まりで話す時に緊張する方はまずいません。日常的に一緒にいて知っている人の前では安心して話せるわけです。よく知っている人は自分のことを理解してくれているから、話し方や話す内容で多少のミスがあっても特に大きな問題にはならないとわかっているから安心できるのでしょう。そのためうまく話す必要がない、普段と同じという状況なので緊張せずリラックスして話せるわけです。

・その環境に慣れている（それが日常だ）
・よく知っている
・リラックスできる

この3条件がそろうと緊張感が緩和される、ということをまず認識してください。

「人前で話すのが苦手」思考回路の傾向と対策

傾向1 自分は人前で話すのが苦手なタイプというレッテルを貼っている

最初から人前で話すのが得意だという方にこれまでお目にかかったことはありません。プレゼンや講演が得意な方に質問すると「いやあ、昔は苦手で冷や汗でした」という方ばかりです。しかし最初から得意な人はいませんよとお話ししても、自分に「苦手」とレッテルを貼っている方は決して信じようとしないのが特徴です。「そんなはずはない、得意な人はやはり最初からそういう資質を持っていたはずだ」と頑固に自分の苦手は治らないと信じ込んでいる傾向があります。これでは人前で話すのが大丈夫になるわけはありません。

傾向2 できる限り人前で話す機会を少なくして逃げる

人前で話すのが苦手な方は、そういう場面を避けて逃げてしまう傾向があります。ですから話す機会は減って、話すことに「慣れていない」環境が継続することになります。はじめての場所に出かける時には緊張するものですが、機会を減らすといつまでも話すことが「日常」にはなりません。避けてその場を逃げることが行動パターンになっている傾向を持つことが多いのです。

対策1 「私は苦手なたち」という思い込みの心理的鎖を外す

まずは「自分は苦手でだめ」という自分に貼ったレッテルを外すことから始めます。自分は苦手ではなく「話す訓練が不十分」というように考えてください。自分にレッテルを貼ると自分の可能性を見つけるゆとりがなくなります。

対策2 100の予行演習より1の実践

「何回も事前に話す予行演習をしたのに現場でうまくいかなかった」ということで、自分はあんなに練習したのにだめだ――と考える方がいます。でも予行演習というのは、よく知っている人を前にして練習したり、自分一人で練習したりしていることが多いものです。こうした予行演習はもちろんしないよりはましですが、あまり役には立たないことが多いのです。安心できる相手の前や一人では失敗しても恥ずかしくないので緊張感はないものですから。

予行演習を何回しても実際のプレゼンを1回するほうが克服のために役立ちます。ですから機会がある時は逃げずにプレゼンをなさってください。プレゼンが日常になるまで実践を積むことが大事です。

対策3　その場を味方にするコツ

プレゼンの現場では自分の味方を見つけることです。まずそのプレゼンに参加する中で自分のよく知っている人がいるかどうか確かめておくこと、そしてプレゼン中はその人の顔を見ながら話しかけるようにすると安心できます。また知っている人がいない外部の会議では、少し早めに到着し、できれば会議室の中を確認する、つまり部屋と親しんでおくことが大事です。また会議の進行役を見つけたら挨拶して言葉を交わしておくと安心できます。私は学会発表の時などは少し前に発表する場に行き動線を確かめてイメージトレーニングします。また座長などが通常早く着いているので少しだけ言葉を交わします。こうして準備しておくことでプレゼンの場所を味方にすることができます。

対策4　身体を味方にする

人前で話す時ドキドキしたり頭の中が真っ白になるのは交感神経が緊張しているからです。

交感神経の緊張を緩めるには呼吸が大事です。吐く息を吸う息の倍にするような深い呼吸をすることで、緊張が緩和されます。私が診療現場で緊張しやすい方に勧めているのは鼻呼吸です。鼻から息を吸い鼻から息を吐きます。鼻から吐くのが難しい場合は、鼻から吸い口から吐いてもいいでしょう。その際3数えて吸いその倍の6数えて吐く。それができたら4数えて吸い8数えて吐く、次は5数えて吸い10数えて吐く、というように吸う息の倍の長さで息を吐きます。こうした深い呼吸ができるようになると交感神経の緊張が緩み、心臓がドキドキしたり顔が赤くなる程度が軽くなるはずです。

人前で話すのが苦手な方は「失敗したら怖い」という不安感を持っているものです。ただ、失敗しないことは上達しないものなのです。「怖い」という思いを克服し実践を繰り返してプレゼンが日常のようになると、いつの間にか苦手意識は遠のきます。逃げない、そして身体を味方にすることで乗り切ってほしいと思います。

「呼び出し音が鳴るだけでストレス」突然やってくる〝電話〟の恐怖にどう対処する？

「電話の呼び出し音が苦痛」「電話応対はストレス」というご相談を受けることがしばしばです。固定電話だけでなく、スマートフォンなど携帯電話で呼び出し音を消音にしているにもかかわらず、いつ電話が鳴るかが気になってしまう方もいます。しかし「電話が苦手」ということにもいくつか要因となる環境があることに気がつきます。そうした要因を踏まえて対策を立てることが大事でしょう。

相談ケース

Mさん（30代）は、通信事業を扱う企業の主任をしています。基本的に土曜日曜は休みなのですが、通信関係のトラブルが発生したら会社から支給されている携帯電話に連絡が入ることになっています。そうしたトラブルは年に1、2回。にもかかわらずMさんは電話が気になって仕方なく、土日も休んだ気分にならないのです。特に今年は通信システムが更新されたので「何かトラブルが起こったら」と心配で落ち着かず追い詰められた感じがするといいます。土日は消音にしている携帯電話ですが、気がつくと画面を見て着信がなかったかを確認している自分が嫌になるということでした。

Nさん（20代）はコミュニケーションのツールはSNS中心です。電話をかけることはまずないので、携帯電話が鳴る音を聞くだけでびくっとするといいます。電話を使わないことで不便を感じたことはなかったのですが、最近始めたアルバイト先の店長は50代で、連絡手段は電話が多いことが悩みです。アルバイトを始めたころ店長に電話で勤務態度の指摘を受けたことが記憶に強く残ってしまい、電話が鳴ると「また何か文句を言われるのでは」と電話に出るのが苦痛で、アルバイトをやめようかとまで考えているといいます。

解決へのヒント

電話が苦手という若い世代が多いのは当然のような気もします。SNSが発達して子どものころからそうした方法でコミュニケーションをとってきた人にとって、電話のコミュニケーションのパターンは全く異なるからです。どのように異なるかを検討してみましょう。

1 電話は自分の時間コントロールを不能にする

相談ケースでわかるように、電話は自分主体の時間管理ができません。土日であろうと自分がくつろぎたい時であろうと、他の業務に集中しているときであろうと、話を聞きたくない時であろうと、相手の都合で容赦なく一方的に侵入してきます。一方、ＳＮＳは即反応せずに自分の時間に合わせて返事をすることが可能です。

2 ＳＮＳは自分の認知を確認して反応できるが電話はできない

メール、メッセンジャーなどの手段では、自分の考えや思いを一度頭の中でまとめて文章化する作業をするはずです。このことは自分の考え、すなわち認知を確認することにつながります。この中で感情と事実を整理したり過剰な感情をコントロールして伝えることが可能です。もちろんすぐ感情的になり激高状態でＳＮＳ発信する人もいますが、そんなことをしたら信用をなくしたり周りから敬遠されたりするので普通は慎重になるはずです。また文章化してみて不適当な部分は変更や削除もできます。つまり上手にＳＮＳを使えばいわゆる「認知行動療法的」に自分の考えを確認して行動することができるのです。

一方、電話はそうした作業をする時間がありません。いきなり来た質問に対して素早く自分の考えをまとめて話さなければなりません。電話というツールで育ってきていない世代にとっては短時間のうちに対応することができず不安に感じると思われます。ましてＮさんのように表情が見えない電話で批判されると言葉だけが強く印象に残り、電話がかかると「また何か言われるかも」という不安感が強くなるのです。

電話ストレスを克服する対策

対策1 電話立ち入り禁止時間を作る

電話が自分の時間に侵入してくるのを防ぎ、自分の時間コントロール感覚を取り戻すことが電話ストレスを軽減するカギです。Mさんの場合、お話を詳しく聞くと土日はほかの部署で対応するので電話対応はしなくてよい体制になっているのだそうです。ところがMさんは携帯電話を持たされているので土日でも一応情報共有しておかなければ、と電話をオンにしていることがわかりました。私は産業医として、Mさんの上司を通じて土日は電話を会社に置いて帰るよう提案し、電話から距離をとるようにしてもらいました。これでMさんは土日はリラックスできるようになりました。また平日は夜も電話をオンにしても心構えができているので不安は起こらないということでした。企業の場合、深夜や休日の呼び出しは時間を決めておくことが大事かと思います。上司と話し合うのが難しい場合は産業医に相談するなどして、特に深夜や休日は自分が主体の時間管理ができるように「電話に侵入されない」仕組みを考える必要があります。

対策2　受け身でなく能動的に

電話が怖いという方は相手から突然かかってくるという受け身の感覚が苦手なことが多いものです。Nさんの場合も店長からかかってくるのが怖いわけです。こちらから電話をかけるという経験が増えると、電話に対しての感じ方が変化してくることがあります。まずはなにかを注文する、予約をとる、など普段インターネットでする行為を電話に変えてみると、電話アレルギーが軽くなることがあります。注文する場合はこちらがお客なので不愉快になるリスクは低いといえます。電話というツールに慣れる、ということを始めるといいでしょう。

対策3　素早い認知行動パターンを訓練する

電話の場合は考える時間がなく相手の話に素早く反応しなければならないことがストレス

です。業務などの連絡がきた時、一瞬考える時間を稼ぐにはいくつかのコツがあります。

ステップ1　相手の話を要約して返してみる

↓これはこういうことでしょうか？　と確認する

ステップ2　自分は何をすればいいか聞く、または提案する

↓自分のできることを列挙する

ステップ3　締め切りなど事務的なことも聞いておく

これは一例ですが、自分なりに会話を進めるステップを決めておき、流れに沿って話すとよいでしょう。相手からの電話でも受け身一方にならず、自分の考えをまとめて（認知）、話す（行動）と電話の会話に対する不安が軽くなると思います。

私も電話は好きではありません。電話がかかるとそんなに緊急なのか、と思うものですから。でもある年代より上の方は電話のほうが失礼がないと思っている方もいるのです。そうした世代間意識の差も含めて電話とかかわり、この時間は「電話立ち入り禁止」と自分なりに決めるようにしておく、その時間は対応しないが他の時間は心構えをしておくというように意識することも、電話によるストレスを回避するのに役立ちます。

へこんだ後の救急処置が大事「メンタルが弱い私」からの脱却法

「私はメンタルが弱くて」という方、とても多いです。医療機関を受診するほど深刻なレベルではないけれど自分は弱いと思っている方の多くは、実はかなり自分自身を誤解していることが多いものです。弱いというのは主観的な評価ですが、そうした自己評価はしばしば間違うことがあります。自分は弱いと思っている方、本当にそれは「弱さ」なのかを点検してください。実は弱いのではなく必要な心の救急処置をしていないためのことが多いのです。

相談ケース

Oさんは30代、企業で経理業務の主任をしています。上司は非常に厳しい人で言葉もきつく、ちょっとしたミスでも激しく叱責（しっせき）することがあります。Oさんに限らず誰に対しても同じようなので特に自分だけが厳しくされているわけではないのですが、Oさんは上司に指摘されると「ガーン」とショックを受け心が折れる、と言います。そして自分は傷つきやすいタイプだと考えているそうです。何を言われても感じないという友人の話を聞いたりすると、自分はなんて弱いんだ、少しは強くなって怒鳴られても平気でいられるようになりたい、と思っているそうです。

解決へのヒント

Oさんは「すぐガーンと傷つく」「こころが折れる」のは「メンタルが弱い」からだと考えているのです。感じること、敏感なことが弱いことだと考えているようです。あなたはいかがでしょうか?

かつて『鈍感力』という本がベストセラーになり、この言葉が流行しました。そのため出世するなら敏感は禁物、鈍感が大事だと思われている風潮があります。しかしこれはかなり問題が多い考え方です。

感じない、鈍い、ということはその部分が麻痺している、感覚が鈍っていることを意味しています。麻酔の注射をすれば痛みを感じなくなるのと同じです。実際には心に衝撃を受けているのに感じないように痛みを抑え込んでいるだけですから、心の中にたまったうっぷんがいつか爆発したり、身体に支障をきたしたり、うつに陥ったりすることになるのです。一見強そうで何事にも動じないように見えた人が数年後うつ病になったりするケースがあるのはこうした理由です。

まず「感じることは弱いことで悪いことだ」という誤解を解いてください。感じることは決して悪いことではないのです。むしろガーンと来た衝撃をしっかり感じてください。その後どんな対策をとれるかで、メンタルが弱いか強いかが決まります。

「メンタル状況を改善する」傾向と対策

傾向 「傷ついたことを感じる」センサーという分水嶺

ガーンと傷ついた自分に気づくことがなぜそんなに大事か、とお思いの方は多いでしょう。それは「自分は弱い」と客観的に認識することが大切だからです。何を言われても感じない、傷つかないということは「感じることはよくないこと、弱いこと。だから自分は感じない」と、かたくなな意識で心に鎧(よろい)を着た状態と言えます。つまり感じないように心を防御し抑圧しているのです。弱い自分を認めたくない、受け入れられない、という思いもあるでしょう。

ですから感じることは悪くはない、と捉えていただきたいと思います。

そのうえで、ガーンときた場合、その後の処理がそれから先の大きな分かれ道になります。例えば、コーヒーをいれているとき電話が鳴り、慌てて出たとたんに熱湯を手に思い切りかけてしまったとします。こんな時「熱い！」と痛みを感じてすぐ水道水をかけて冷やしますね。これが最初の救急処置です。この初期対応が何より大事で、冷やさないと後で水ぶくれができたりします。打撲でも同じようにまず冷やす、そして打った場所を高く上げます。やけどした時、けがをした時、まず冷やしたり患部を洗い消毒する、これがルールです。心の傷も全く同じです。

対策1　席を外して身体を緩める

ガーンときた時は速やかにその状態から「心理的に席を外す」ことを提案したいと思います。具体的にいえば、失敗したり、上司に叱責されたり、嫌な思いをした場合、その後ちょっと席を外して深呼吸できる場所に行く、水やお茶を一杯飲む、など身体を緩める状況を作ってほしいのです。

深呼吸はとても有効な手段です。吐く息を吸う息の倍の長さで続けてください。5秒数えて息を吸い10秒吐く、というような感じでお試しください。吐く息の長さが長ければ長いほど心の消毒ができます。こうした呼吸法で交感神経の緊張状態を緩め交感神経と副交感神経のバランスを保つことができます。その結果として脳の辺縁系に作用してショック状態からのストレス回復に有効です。これをしていただくだけで後の経過がよくなります。

対策2　回復力の決め手は「引きずらない」

何度も繰り返しますが、ガーンと傷ついてもそれが弱いということにはなりません。へこんだ後それがどのくらい回復するかということが大事なのです。最近のストレスに関する研究では〝レジリエンス〟つまり回復力が大事とされています。衝撃でへこまないということではなく、へこんでもその後、回復していくことが大事とされています。弱さではなく「引きずらないこと」がストレスに対する耐性になります。

引きずりやすさにはいくつかの要因があります。自分の気持ちを表現する場がない、表現するのが苦手、表現手段がない、声を上げることは悪いことだと思っている、などさまざまです。

詳しくは次回お伝えすることにして、今回覚えてほしいことは、ガーンと衝撃を受けた後すぐにまず傷を消毒するイメージで呼吸を整えることです。ぜひ試してみてください。

「自分は弱い人間」となぜ思う？危険なレッテルはいますぐ外そう

ガーンと衝撃を受けたときの心の救急処置の大切さについて、「私はメンタルが弱い」と思っている方のための対策を前述に続いて紹介します。この項目でのテーマは「思い込み」と「レッテル貼り」です。そのわけは、メンタルが弱いと自分で思い込んでいる方は、自ら強固なレッテルを貼っている傾向があるからです。

相談ケース

企業で営業を担当するPさん（20代）は、仕事でミスをしたり上司から軽く注意されたりすると落ち込んで気持ちがうつ状態になるので、「自分は弱い人間」と思っています。話を聞くとメンタルが弱いだけでなく「私は身体も弱くて」ということでした。

そこで過去に何か大きな病気にかかったことはあるか、健康診断で何か指摘されたことはあるか、などを聞きしました。すると病気にかかったことも通院したことも、健康診断で注意されたことも特にないと言います。それでもPさんは「自分は弱い」と考えているのでした。

なぜそんな強い思い込みがあるのかとさらに話を聞くと、小さいころから母親に「あなたは身体が弱いし、繊細だから気をつけないと。無理をしないように」と言われ続けてきたことがわかりました。これが自分に対する評価となり心理的レッテル貼りとなったのです。

「私って、弱くて。そういう人なんです」という方は要注意です。

解決へのヒント

自分を客観的に評価できるまで成長する前に、母親や教師などにこのように言われると、その評価を自分に下しそれがレッテル貼りになることがしばしばです。ですから「メンタルが弱い」と思っている方は、そのように思いはじめた根拠は何なのか振り返ってみることが必要です。誰かに言われた言葉だった場合は、その誰かの評価を自分の評価にしてしまった可能性が高いのです。思い込みを捨てレッテルを外すことが大切です。

「危険なレッテル貼り」傾向と対策

傾向1　自分を信じられず無条件降伏

メンタルが弱い、と自分にレッテルを貼ると、多くの場合、立ち直ることはむずかしくなります。なぜなら「自分は弱いからすぐめげて調子が悪くなる」「ストレスがあるとすぐ心が折れるたち」と考えているので、自分の可能性を信じられず調子を崩さないための対策などをとらないまま無条件降伏のようになってしまうからです。

傾向2　負の連鎖で成功体験から遠のく

また自分に「弱い」というレッテルを貼ると弱い場面だけを見つけ出し、「またためげた」「また落ち込む」というように悪い部分だけに注目するため、ネガティブスパイラルにはまってしまいます。また傷つくことを恐れて人とのかかわりを避けたり仕事でチャレンジする場面から逃げたりすることで、さらに自信をなくし委縮してしまいます。こうして成功体験からどんどん遠のき、自分の成功体験に注目しようという視点が完全に失われるのがレッッテル貼りの最大のリスクなのです。

対策1　「弱い」の根拠を掘り起こす

なぜ自分は弱いと思うのか、その根拠を確認してください。親や教師の「あなたは弱い」という言葉だった場合、何かが原因で一度めげたことがある程度でそう言われただけであることも多いものです。成長してから振り返るとたいして根拠と言えるようなものはなく、その場の感情的な一言に縛られていることもしばしばです。

対策2　自分を評価する言葉を変える

そもそも「弱い」「強い」とは、何をもってそう評価するかの基準は不明瞭でその評価が正確とは言えません。誰かが発した「弱い」という言葉は単にその人の価値観である場合が多いのです。ですから自分に対する評価を正確に言い直してください。「自分は弱い」という評価を正確に言い直すと「自分は自分のことを弱いと思っている」という表現になるでしょう。

対策3 「いつも」「みんなが」「すべて」に注意

自分で弱いと思っている方は自分を評価する時に特定の言葉を使う傾向があります。例えば〝みんな〟〝すべて〟〝いつも〟です。仕事でミスが多く自分には能力がないと感じているある男性は「いつも失敗してみんなが自分を無能だと言っている」と悩み、自分はすぐ傷つく弱い人間だと感じています。しかし「いつ失敗したのですか？　みんなとは誰ですか？」と聞くと具体的に答えられないのです。いつもそうだから思い出せない、とおっしゃるので「具体的に一つ最近の例を話してください」と尋ねても具体例が出てきません。

まとめ

中には、根拠の乏しい思い込みに縛られ、弱い人間だと自分にレッテルを貼り、負のスパイラルから抜け出せなくなっている方もいます。自分を弱いと思っている方は、なぜそう感じているかをなるべく具体的に書き出してみていただきたいと思います。具体的に自分を点検してから次のステップに進みます。次項では、自分の弱みを点検した後、表現と言葉を変えることで気持ちの方向を変えていくためのヒントを紹介します。

「自分は弱い」あなたを心の罠にはめる言葉と思考回路を変換しよう

前項で「私はメンタルが弱い」と思っている方の、危険な「思い込み」と「レッテル貼り」の傾向と対策を紹介しましたが、この項では、周りの声の受け止め方をめぐる「自分の弱み」を点検した後で、「自分は弱い」という心の罠（わな）にはまりやすい言葉や思考を変えるヒントについて考えていきたいと思います。

相談ケース

20代のQさんは担当業務が最近少し変わり、総務で面談準備などの仕事が追加されました。慣れないことで緊張感をもって取り組んでいたつもりですが、配布書類のスケジュールの数字に誤りが見つかりました。数字の誤りは最もあってはならないミスなので、上司から「こういう間違いをするのはプロでないね。二度としないように」と注意を受けたときは当然だと思ったそうです。ただその時のミスで「私は総務には不向きなのではないか。上司たちはみんな、私に能力がないと思っているだろう」と思いはじめ、それ以来、仕事への緊張がより強くなって気分がうつ状態になり、自分は弱い人間だと思っているということです。

解決へのヒント

失敗したり、自分が思ったようにいかなかったり、期待されたのにうまく応えられないということはしばしば起こります。そこでがっかりしたりうつ状態になったり、自分に嫌気がさすのは当然ですが、その一瞬のショックを長引かせないことが大事です。まず最初のショックを受けたときの救急処置はすでに紹介しました。最初のショックでアドレナリンなどのホルモンが放出され交感神経が緊張するのはおよそ90秒くらいですから、その時間を深呼吸などで乗り切ったら長引かせないように言葉と思考回路を点検してください。

「過度の一般化」傾向と対策

傾向1　一度の失敗で「自分は向いていない」と思い込む

Rさんは一度のミスで、自分はこの業務に向いていないのではと思い込んでいます。こんな簡単な数字の入力ミスはちょっと集中していれば防げたはず、少なくとも見直していれば気づけたはずで、集中も見直しもしたはずなのに間違えた自分は不適格者だと思っています。上司の言葉もそれに拍車をかけたようです。ただしこれは一度のミスです。一度のミスですべてだめと思うのは心理的に「過度の一般化」と呼ばれており、うつ気分に陥りやすい思考回路です。

傾向2　1人の否定的意見が全員の声だと考える

一人に拒否されると全員に拒否されたように感じる傾向も要注意です。例えば、10人の会議で一人に反論されると他の9人もすべて自分に反対しているように感じる場合や、幹事を務めた会で誰かに「コストパフォーマンスが悪い」と言われると参加者全員がそう思っていると考えるような場合です。私も以前、講演会のアンケートで「面白くなかった」という回答が1つあったことで、他の300人余りは「良かった」という回答だったのに憂鬱な気分になったことがあります。こういう傾向は人間誰にでもあるものですね。ですから一度ショックを受けて憂鬱になっても、すぐに「これは過度な一般化だ」と意識して心の向きを変えることが大事なのです。あなたの中に過度な一般化傾向がないか点検してください。

対策1 「過度な一般化」で使われる言葉を知る

過度な一般化をしている時、使っている言葉があります。「すべて」「いつも」「決して」「誰も」「みんな」などです。こうした言葉を知り的確な言葉に変える必要があります。ご自分の考えを書き出し、その中にこうした言葉は入っていないかを確認してください。

対策2 「過度な一般化」に反論する

過度な一般化の思考に対しては強く反論する必要があります。心の中にあなたに協力してくれるヒーローまたはコーチをイメージすることをお勧めします。そのコーチは力強く、かつ中立的に物事を捉え、あなたの弱気な言葉に対して具体的に反論します。

1　一度ミスしたのは事実だ。しかし「プロは一度もミスしない」とは言えない
2　一度のミスが「不向き」だという根拠にはならない
3　上司みんなであなたを「不向き」だと考えている根拠はない
4　なぜミスが起こったかを調べ、次はミスしないための手順を考えてみよう

このようにして、前向きに進む道を考えます。落ち込んだ迷路からの脱出の方向性を示すのです。

対策3　過度な一般化をさせない上司教育

一度の失敗はその業務に向いていない根拠にはなりません。しかし日本の社会では一度の失敗で「不適格者」のレッテル貼りをする傾向があるのも事実です。産業医をしていると、このために失敗を過度に恐れ、委縮して新しいことにチャレンジできない傾向があることに気がつきます。さらに一度失敗したことでまた失敗して上司から何か言われたらどうしよう、という不安と緊張のあまり再び失敗してうつ状態に陥るケースも見られます。失敗したときの上司の態度はとても大事です。ミスは指摘しても追い打ちをかけず、ミスを防ぐための手順を部下に考えさせられるコーチであってほしいと思います。

「いつも笑顔で元気な人」が抱えるストレス…感情を抑え込まないで

「いつも元気でさわやか」「いつも笑顔を絶やさない」――そんなふうに言われる人は本当にいつも元気なのでしょうか？　「元気に見える」ことイコール「元気である」と考えるのは問題があります。周りからいつも元気そうに見えることを期待されて負担を感じている人もいるのです。

接客業の方は元気で穏やかでいることが業務上の役割です。看護師などの業務でも同様です。また職業を問わず、元気でなくても無理して元気に振る舞い仕事をするときもあるでしょう。元気そうでないと仕事が減ったり評価が低下したりすることもあります。元気がなさそうで不機嫌な人には仕事を頼みたくないものです。ですから仕事では元気でなくても元気なふりをして過剰適応することになります。これがストレスになるのです。

仕事での我慢、プライベートで解放を

ただ仕事とプライベートが完全に分けられていれば問題は少ないのです。仕事で嫌な思いをし

ながらがんばって笑顔を作り元気なふりをしても、家に帰って家族に話したり、仕事終わりに同僚と疲れたね、とつらさを分かち合えば気分は楽になります。落ち込んでいても、疲れた顔をしても、受け入れてもらえる場所があればほっとできます。つまりいつも元気でいなくてもいい、本来の自分の感情を表現することができればいいのです。感情を表現して解放すればつらい感情をため込まなくて済み、心の元気を回復できます。

笑顔を24時間要求されるストレス

一方でオンとオフが分けられなくなる場合があります。仕事でもプライベートでも役割を期待される場合です。

看護師をしている40代の女性Sさんは、職場では中心的存在。常に冷静沈着に対処し、患者さんからも後輩や医師からも評判が良い方です。いつもぐっとこらえて我慢し笑顔を絶やさないのですが、家に帰っても子ども2人の良い母親をしています。1年ほど前に仕事でつらいことがあった日、帰宅すると頼んでいた買い物を夫が忘れていて食事の支度ができなくなったことから、我慢の限界に達し思わず夫にきつい言葉を浴びせました。すると夫は「お前は白衣の天使だろう。そんなに怒って資格があるのか」と言ったそうです。全くわかってくれない、と愕然（がくぜん）としたSさんはそれ以来、夫に自分の気持ちを伝えることはないそうです。Sさんは職場で我慢し、家でもムッとすることがあっても穏やかな母親という役割で過ごしていますが、最近自分の感情がなくなったようだ、と思い心配になっています。

つい最近まで男は外で仕事、女性は家庭を守るという役割分担意識が根強くありました。その影響で家庭での女性の役割は男性より大きいのが現状です。良い親であることに対する女性の心理的負担感は男性と同じではありません。もちろん男性も仕事でストレスがあっても家族に心配をかけたくないという思いで感情を抑える場合があります。しかし、家庭において、男性は収入面で期待される役割が大きい一方、感情表現は比較的自由な場合が多いといえます。

家で口数が減ったり多少不機嫌でも受け入れられる男性に比べ、女性は家庭内で不機嫌だと良い母親ではない、良い妻ではないという評価を受けてしまいます。「お母さんは元気で笑顔でいてほしい」という周囲の期待に応えようとすることで過剰適応状態になる女性もいます。Sさんのように仕事を持ち外でストレスを感じている場合、家でも良い母親の役割を果たし我慢してしまうと感情抑圧が続き感情がなくなったような状態からうつに陥るリスクがあります。

また仕事でもプライベートでも元気と笑顔を期待される職業は多岐にわたっています。メディアに登場する人たちはタレントやキャスター、スポーツ選手などさまざまですが、仕事を終えたプライベートでも気が休まる場所は少ないと思います。買い物しても外食しても常に他人の眼が
あり、そこで元気がなさそうな様子を見せたり不機嫌な対応をしたりすれば、即座にＳＮＳで「嫌な人」などと拡散されかねない時代でもあります。

「役割」から離れた居場所作りを

いつも元気で誰に対しても親切にしたいと思ってはいても、そのゆとりがないことは誰にでもあります。だからいつも元気にしていなくてもいい場所を必ず作っておくことが必要です。また周りから期待される役割から離れて許される自分の居場所を作ることも大事です。自分の感情に気づいたら、無理に抑え込んだり無理に笑顔を作るのではなく、本当の気持ちをきちんと表現することが心の活気を保つ大事な方法です。

2種類ある完璧主義
あなたを疲れから救う3つのステップ

完璧主義で疲れを感じる…と自覚している方、多いですね。ドラマで「私、失敗しないので」というセリフがありましたが、一つでも失敗したらもうおしまい、と思い、完璧を目指すものの完璧にできなくてうつ状態になる方の悩みを聞くことがしばしばです。ですから完璧主義は良くない、完璧主義はストレスになる、と思い込んでいる方も多いのです。でもちょっと待ってください。最近の研究で完璧主義には2種類あり、ストレスになる完璧主義と、自己を高める可能性もある完璧主義があるのです。不適応的完璧主義と適応的完璧主義といわれていますが、あなたはどちらでしょう。

相談ケース

数カ月前に課長に昇格したTさん（30代）は、朝早く目が覚める、うつ気分、食欲低下などで受診。適応障害と診断されました。この年齢で課長になった女性は社内でTさんが初めてということでTさんも喜びと同時に不安感でいっぱいだったそうです。人事総務の仕事は入社以来続けているので業務自体は慣れてはいますが、管理職の会議への出席や部下とのコミュニケーションで、自分が思い描いていたような成果が出せていないと感じていました。こんなことでは自分を推薦してくれた上司にも期待外れといわれるのでは、という思いもあり次第に気分が落ち込んだということでした。

解決へのヒント

完璧主義の精神的影響についてはさまざまな研究がされています。いわゆる完璧主義者と非完璧主義者というだけでなく、完璧主義者の特徴の中にも不適応的な要素と適応的な要素があることが指摘されています。

完璧であろうとする心の方向性は成長への道筋であるにもかかわらず、自分の限界を超えて達成不可能な目標を目指せば不適応的完璧主義になり、うつに陥ることになってしまいます。不適応的完璧主義者は抑うつ、不安、強迫症状などが起こりやすいとされています。不適応的完璧主義から適応的完璧主義に変わることが大事といえそうです。

不適応的完璧主義から適応的完璧主義に転換するための対策

傾向1　その目標設定は正しいか？

不適応的完璧主義の要因となるのは目標設定の失敗です。まず自分の立てた目標が適切かどうか、を検討することが必要です。登山の初心者がいきなりエベレストを目指すような目標を立てても実現は不可能です。これまでの仕事のスキルを自分で把握し、目標が高すぎないか、また締め切りの時間が短すぎないかなどを検討することが必要です。自分の能力から無謀な目標ではないかを検討するのです。

傾向2　一度失敗したらすべてが終わり、という思考パターン

不適応的完璧主義者は一度の失敗ですべてが終わると考えがちです。「少しでもミスがあれば完全に失敗したことと同じである。人からダメだと思われる」。このように過度に失敗を恐れ気にする傾向がストレスを加速させます。

傾向3　自分の行動に肯定感が持てない

不適応的完璧主義者は、注意深くやった仕事でもどこかにミスがあるのではと思いがちで、何度も確かめなければならないことで疲労しがちになります。また、何かやり残しがあるのではと思う不安がストレスを生むといえます。こうした傾向があると絶えず自己批判をしていて自己肯定感が次第に低下していきます。

対策1　高すぎる目標を一度下げる勇気を持つ

自分の立てた目標に到達しない場合、まず全力を尽くしたかを検討します。全力を尽くしたのに目標に遠く及ばない場合は、目標を下げる必要があります。到達不能の高い目標を何度も目指してうまくいかず、うつになる傾向を持つ方が多いので、目標をまず一度思い切って下げてから少しずつ上げていく、という方法で進む勇気が必要です。少しずつ進んでいくというプロセスで自己肯定感が生まれます。

対策2　他者まかせの自己肯定感に頼らない

上司から評価されることや周りからほめられることを自分の価値、ととらえている人は不適応的完璧主義に陥りやすいといえます。他者から評価されることは大事ですが、他者が評価するのは業務の結果だけです。結果を出すことが大事なのは当然ですが、結果を出す前に自分で行っている目標に向けての歩み、つまり努力のプロセスを知っているのは自分だけです。今はすぐに結果が出なくても、自分の努力に対して肯定感を失わずにいかに自分の気持ちを保てるかということが成功へのカギであり、不適応的完璧主義から適応的完璧主義への転換対策になるのです。

対策3　自分のあら探しばかりするのをやめる

不適応的完璧主義者は自分のできないところばかり注目しがちです。自分に不足する要素ばかり見て自分の持っている良い部分や能力を軽視しているものです。自己評価の歪み（ゆが）を修正して中立的な視点をもって自己評価をすることは他者を中立的に捉えることにも通じるのです。自分のあらを一つ見つけたら自分の特性や能力の優れた部分を一つ見つける、という対策で中立的なものの見方を養ってください。

まとめ

Tさんは昇進したことで張り切りすぎて、目標設定が高すぎたことに気がつきました。少し目標を下げ実現可能なレベルに再設定し、さらに仕事の進み具合についても上司や部下との連携をとることで不安感を軽減できました。さらに自分で「一度失敗したらおしまい」という思い込みが強いことに気がついたそうです。

不適応的完璧主義から適応的完璧主義に変わるためには、

・高い目標を目指すことは悪くない
・でも目標が高すぎると感じたら設定を変更する
・完璧を目指すことは悪くない
・でも目指してもうまくいかないことは受け入れる

こうした思考回路の転換が役立つのです。

つい引き受けすぎる癖…心の悲鳴に気づいてますか？うんざりのサインを大切に

嫌だなあ、無理だなあ、と思っていても頼まれるとつい引き受けてしまうのはなぜ？　その心の癖について対策を考えます。

相談ケース

Uさん（25歳）は企業の経理担当で入社4年目です。最近上司からも仕事ぶりを評価され責任のある業務を任されるようになり、仕事でのモチベーションは高まっていました。自分でもかなり仕事ができるようになったと自信が出たのはいいのですが、仕事の量はかなり増えていきました。上司は「これ任せていいかな、大丈夫？」と声をかけてくれるのですが、「大丈夫？」と聞かれるとつい「大丈夫です」と反射的に答える癖がついてしまっているのです。そのため引き受けた仕事が自分本来の業務に上乗せされ、残業が部署で一番多くなってしまいました。ただ自分で大丈夫と言って引き受けたのでいまさら周りに助けを求めるわけにもいかず、ここで断ると上司をがっかりさせるのでは、と思いがんばっていました。すると生理が不規則になり少量の出血が止まらなくなったため受診した結果、ストレスによるホルモンバランスの異常と診断されました。

解決へのヒント

断るのが苦手という方多いですね。断ると相手を失望させる、相手に悪く思われる、この先相手とうまくいかなくなる――といった気持ちから、仕事が多くてもつい引き受けてしまう傾向があると自覚している方はとても多いと思います。仕事の量だけでなく仕事の質、スケジュール、例えば締め切り日を確認せずについ引き受けるという方は注意が必要です。というのはUさんのように過剰な仕事量に適応できず、適応障害で心身のバランスを崩して休職に至る場合もあるからです。

なんでも嫌な顔をせずに引き受けてくれる人は周囲からよく思われると考えている方がいるかもしれません。しかしそれは「いい人」というより「都合がいい人」と思われている場合があります。「頼りになる人」と「都合のいい人」は違うので目指すのは前者であってほしいものです。

つい引き受けすぎてしまう人に「悪く思われるのを怖がらずにノーと言いましょう」とアドバイスする人がいますが、これはうまくいきません。誰しも相手からよく思われないと不安になるのは当然です。ですから悪く思われないようにしよう、という思考回路から「相手から頼りにされる人間になろう」という思考回路に切り替えることが必要です。

「引き受けすぎ」思考回路の傾向と対策

傾向1　二つ返事で引き受ける癖がある

Uさんは上司から依頼されたとき反射的に引き受ける癖があります。業務の内容を詳細に確認せずに引き受けてしまい、気がついたら量が多かった、とても無理だったということになるのです。つい二つ返事、という癖をお持ちの方は注意が必要です。

傾向2　心の悲鳴を無視してしまう

Uさんは実は頼まれたとき「内心ちょっとうんざりという気持ちになっていました」と話してくれました。そうなんです。この「うんざり」という気持ち、大事にしてほしいです。うんざりは心が出している悲鳴で「そこでストップしてほしい」という黄色信号です。うんざりしたときはこのサインに気がついてそこで立ち止まることが必要です。

傾向3　身体のサインが出たら赤信号

Uさんはしばらく食欲がなかったり食べたあと胃がもたれたりする感じが続いていたそうです。それを市販の胃腸薬を飲んでやりすごしていたところ、生理が不規則になり不正出血が止まらなくなりました。身体のサインは赤信号といえます。このとき自己判断で薬を飲んでやりすごすと、さらに症状が出て休職に追い込まれることが多いのです。小さな身体のサインでも気がついたら医療機関で受診したり、産業医がいる場合は相談したりしてください。

対策1　引き受ける前に情報を詳細に確認する癖をつける

「断るときは素早くノーと言うが、引き受けるときは慎重に確認する」という意識が大切です。その業務の正確な分量、締め切りの時期、提出する体裁などを確認してください。例えば、「○日までにこれ頼むよ。大丈夫？」と言われたとき、「○日の何時くらいまでですか？　提出の体裁は内部資料程度ですか？　それともプレゼン用ですか？」など詳細に確認する癖をつけることです。

こうして情報を詳細に確認すると、依頼している相手にその仕事についてきちんと理解し引き受けられるか検討していることが伝わるので、決して悪い印象は持たれないはずです。そのうえで締め切り日を延ばせるなら引き受けられる、提出体裁を誰かが整えてくれるなら引き受けられるなどと伝えれば信頼されるはずです。

対策2　心の悲鳴を感じたら身体を緩める休憩タイムを

「うんざり感」を感じたら、その仕事は多すぎるというサインです。自分のほかに誰もいないからと引き受けざるを得ないなら、仕事をやり終えたあと自分をいたわる時間を必ず作ることです。必ず小休止し、例えばジムでひと泳ぎする、ストレッチする、マッサージしてもらう、など身体を緩める時間を少しでも作っておきます。このちょっとしたひとときが大事で、身体を緩める休憩タイムを作ることで体調をキープできます。

対策3　身体のサインが出たらすみやかに仕事を中断する

Uさんのように身体の症状が出た場合は速やかに医療機関で受診するか産業医に相談して仕事を中断する必要があります。ひと休みして治療しながら、引き受けすぎた仕事の量や自分の心の癖をどうすればいいか考える時間にするといいと思います。

Uさんは不正出血に加えて睡眠障害もあり、1ヵ月休職することになりましたが、休んでいる間に散歩したり実家のある海辺で過ごしたりする中で引き受けすぎる自分の傾向に気づき、自分から上司と話し合ったりする機会を持ち復職しました。これからはきちんと仕事量を考えながら引き受けようと思った――と話してくれました。

たった一人の嫌な存在…「サクランボとゴキブリ」論からひもとくストレス対策

日常のストレス要因の解決策を提案します。今回は職場に一人だけ嫌な人がいるとなぜこんなに気になるのか、について解説します。たった一人嫌な人がいるだけで職場に行きたくなくなるのは何故なのでしょう。

相談ケース

Vさん（20代）は、入社7年目の中堅社員。職場は総務部門で、後輩社員2名、同世代の1名、それに先輩の30代女性と上司の40代男性という構成。仕事は入社試験などの時期は忙しいものの時間外の勤務はほとんどなく、仕事内容も慣れてきたので問題なし。人間関係もまずまずだという。ただ気になるのは、総務の隣、人事部門の40代女性Wさんと何となく気まずい雰囲気になっていることで、Wさんにときどき冷たい視線で見られている気がする。

独身で母親と2人暮らしのWさんとは共通の話題もなく話す機会も少ない。ただ業務連絡で1日1回ほど顔を合わせる際、ニコリともしないWさんの態度がとても気になり、憂鬱になる。気になりだすとWさんの動向の一つ一つの裏を考えたりしてしまう。「たった一人嫌な人がいるとそれだけで会社に行くのが嫌になる」という。

解決へのヒント

「たった一人嫌な人がいるとそれですべてが台無し」という気持ち、わかるな、という方が多いと思います。子どもの頃から「みんなと仲良くすることが良いこと」「みんなとうまくやるように」と言われて育つから、すべての人とうまくいかなければという思いがあるためかもしれません。

Vさんも親や教師から「協調性があることが大事。女性は周りとの人間関係が良いことが一番」と言われて育ったといいます。

こうした中で私たちは人間関係に関しては、「すべての人とうまくいかなければ」という思いに陥りやすく、心理的にいう「全か無か」という思考回路にはまりやすいのです。この思考回路は完璧主義とも通じるもので、すべてが完全にうまくいかないと意味がないという考え方。そしてこの思考回路にはまると、うまくいかない一人のことが気になりだしてうつ気分に陥りやすいと言えます。

Vさんの場合、仕事に慣れてきた、部内の人とはうまくいっている、仕事内容には特にストレスがなくまず順調——という条件が整ったところで、たまたまうまくいかないWさんのことが気になり注意が集中してしまったのだとわかりました。

ただ詳しく話を聞くと、Wさんと具体的に何かトラブルがあったわけではなく「なんとなく嫌われている感じ」「避けられている感じ」なのだそうで、Vさんの不安には根拠がないこともわかりました。またWさんの態度はVさんに限ったものでなく誰に対してもわりに愛想がないということも判明し、Vさんは少し気分がすっきりした感じでした。

「全か無か」思考回路の傾向と対策

それではここでVさんのように「一人の人とうまくいかない」ことでうつ気分に陥る人間関係の悩みをどう乗り切るか、「全か無か」思考回路の傾向と対策を考えてみましょう。

傾向1　生活全体が順調なときに悩みが生じやすい

一人の人とうまくいかないという悩みは、仕事内容や仕事時間その他の問題がひとまず落ち着いてきたころに生じやすいものです。ほかはうまくいっているのに「この人だけ問題なのよね」という場合、その一つが強烈に気になるという心の罠にはまっている可能性があります。

傾向2　良いことより悪いことのほうに注意が向きやすい

心理学者で行動経済学社でもあるノーベル賞を受賞したダニエル・カーネマン博士によると、一つのうまくいかないことや一人の嫌な人が気になるのは理由があります。例えば会議でプレゼンをしている時など自分に対し批判的な態度を感じる人が一人いると、その一人が気になって仕方なくなるものです。

カーネマン博士はその状況をこんなふうにたとえています。

「例えばゴキブリが１００匹いる中にサクランボが1粒あっても目立たない。ところがサクランボ１００粒の中にゴキブリが1匹いたらとても目立つ」

人は良いことより悪いことの方に注意を向ける傾向をこう表現したのです。

嫌な人がゴキブリということではありません。ただ自分にとって安全なことより危険を感じることに注意を向ける傾向があることをたとえているのです。そしてこの危機管理能力ともいうべき傾向は、人が生き延びるためには必要な感覚であるとも言っています。なぜなら安全なことや安全な人に対しては対策をとらなくても問題は起こりません。ところが自分に対して敵意を向ける人やそのような不安を感じさせる相手に対しては対処しないといけないから気になるというわけです。

良い人や良いことは捨て置いても大丈夫だから注意を払わなくなります。一方でちょっと問題がありそうな人や悪いことには注意が集中します。職場の一人が気になる「全か無か」という思考は悪いわけではなく、「私はいま危機管理能力ゆえに、不安を感じさせる相手が気になって仕方がないのだ」と捉えることが大切でしょう。そして気になる相手に対し何らかの対策をしないといけない、という心のサインだと捉えるとよいのです。

対策1　不安を感じることは事実か想像か、を確認する

さてうまくいかない相手やよくないこと、気になることは根拠があるのでしょうか？　この確認が次のステップになります。Vさんの場合は特に根拠がなく「なんとなくそう思う」という想像でした。Wさんの態度は自分だけではなく周囲の多くの人に対しても同じだとい

う事実を確認し、だから特に不安を感じることはない、と受け止めることで気持ちが落ち着きました。

対策2　相手のペースに巻き込まれず、自分の態度を貫く

しかしVさんの場合とは異なり、自分に対してだけ不愛想な場合はどうすればいいのでしょう。自分に対して不愛想な態度をとり嫌悪感を表す人もいます。職場でこういう人がいると本当に嫌になってしまうものですが、大事な態度として4点があげられます。

1「自分も全員が好きというわけではないから自分を嫌いな人がいてもまあ仕方ないか」と捉える。

2 相手の態度がどう失礼でも自分は相手に対しては普通に接するよう心がける。

3 自分とコミュニケーションがうまくいく人とのかかわりを職場で大事にしておく。

4 自分を嫌う人の悪口をほかの人に話したりしない。

こうした態度を続けていると、相手の態度はどうあれ、あなた自身が心のゆとりを保つことができ、相手のペースに巻き込まれて不愉快になることはないはずです。

仕事量が多過ぎてパンク寸前！一人で抱え込む人の問題とは

人に任せればいいのに任せられない、やることが多過ぎて燃え尽きそう、という悩みはありませんか？　任せられない人の問題が自分だけでなく周りも巻き込んでしまいます。

相談ケース

30代後半のXさんが、睡眠障害や食欲不振が続き、うつ状態で休職の一歩手前まで追い込まれて相談に見えました。業務の負担が多く適応障害に陥っていることがお話から判明し、業務を軽くする必要があることがわかりました。この時のXさんの反応はとても強烈で驚きました。「業務を人任せにできないたちなんです！」Xさんは業務を部署の他の仲間に任せたり分担したりすることに抵抗があり、一人で抱え込んできたようです。そしてこれこそが適応障害の要因でした。お話によると、これまでも業務が多くても一人で抱え込み体調を崩して休んだことがあるそうです。自分では無理とわかっているのに、体調を崩して休むところまでいかないとストップできない、という状況を繰り返しているようでした。

解決へのヒント

仕事を分担したり、手一杯な時に周りに相談したりＳＯＳを出したりすることが苦手、あるいは嫌いな人がいます。自分の能力がないと認める感じがして嫌だったり、人に任せているうちに自分の仕事や役割がなくなるのではないかと恐れたりする心理があると考えられます。不要なプライドをいかに捨てるか、ということが「任せられない人」にとっての課題です。

「任せられない人」の傾向と対策

傾向1　人に頼ることを恥とする成育環境

任せられない人や手助けを求められない人は、育ってきた環境が「人に頼らず自分で解決することが当然」だった場合が多いと言えます。成育環境はその方の生き方に大きく関わります。特に親から「人に弱みを見せてはいけない」「苦しくても苦しいと言うのはよくない」と言われて育った方は「助けて」「手助けしてほしい」という言葉を言わないことが信念になっている場合があるのです。

傾向2 周りに対する信頼感が希薄

任せられない人は、周りの人に任せることに不安を感じる傾向があります。任せても、業務をきちんとしてくれなければ自分の責任になるのではないかと恐れていたり、きちんとしてくれたか不安でもう一度自分で見直さなければならないからかえって負担が増えるように感じたりするのです。

傾向3 自己肯定感が低い

すべて自分でしないと気が済まない人は、人に任せると自分の価値が下がるような恐れを抱いていることがあります。何でこんなに仕事が多いのかと、ＰＣのキーボードを怒りながらたたいて仕事をしている人を見たことがあります。本当はもう手一杯で同僚に分担すればいい仕事なのです。しかしそれを渡してしまったら自分の居場所が減るような危機感があり、葛藤の中で業務を続けているのでした。

傾向4 自分でブレーキをかけられない

任せられない人は、仕事に自分でブレーキをかけストップさせることが苦手です。誰か（上司や産業医、主治医など）が就業不可や残業禁止などの制限をかけないと止まれません。自分から業務の無理や負担を訴えるのは弱いことのような思いがあるからです。このため体調を崩すまで働いてはそれを理由に負担が軽くなるような方法を繰り返してしまうのです。体調を崩してしまう前に、危険というサインを産業医や主治医に出して相談することも必要です。

傾向5 依頼を断れずチェーンワーキング

フリーランスや経営トップの立場にいて人任せにできないたちの方は、仕事の依頼を断れずすべて引き受けてしまう傾向があります。ほかの人や会社に仕事を渡したらそのあと仕事が少なくなるのではないかという恐れから、仕事に切れ目がなくなります。休息が取れず充電期間がないためにストレスで体調を崩すことがしばしばです。

対策1　周囲とのコミュニケーションを改善する

安心できない、周りを信頼できない、という心理が自分一人で仕事を抱え込み苦しくなる大きな要因になっていることに気づいてください。周りを信頼し連携ができていれば、不安や恐れや不要なプライドを解消して業務を分担することに抵抗がなくなるはずです。周りに一人でもいいので気持ちを話せる人を作ってください。信頼関係が築かれていくことで次第に任せることへの抵抗やプライドは減少します。

対策2　周囲の人の得意分野を知っておく

周りの人が何が得意なのか、知っていますか？　それぞれ得意分野があるはずです。それを知っておくことが大事です。例えば、周囲の人がいい仕事をした時そのコツを休み時間などに聞いてみると、相手とのコミュニケーションのきっかけにもなります。誰でも自分の得意分野のことを話す時は楽しく、饒舌（じょうぜつ）になるものです。また相手の得意分野を知ることで安心してその人に任せたり相談できるようになります。

対策3　自分のキャパと持続可能度を再認識する

自分の仕事のキャパシティ、つまり許容量を冷静に捉えてみてください。「今日、明日できるか」という視点ではなく、「半年間継続できるか」と考えると自分の業務の分量が判断できると思います。その仕事量を超える場合は分担することを考えてください。限界まで働き体調を崩すというパターンを変えて持続可能な業務をすることが、周囲の信頼につながり自己肯定感が生まれます。

対策4　任せることはマネージメントととらえる

自分にとって適量の仕事を高いクオリティーで行うことで評価を得られます。任せる、分担することを負けとしてでなくマネージメントとして捉えることで抵抗感が軽くなると思います。

「あの一言」「あの一人」をなぜ気に病んでしまうのか…その心理と対処法

一つの嫌なことに心が引っかかるのは何故？

「会議で一つだけ小さなミスをしたことでずっと考え込む」

「あいさつした時に顔をしかめた上司が気になる」

「同僚がひとことつぶやいた言葉が気になる」

「職場で一人気が合わない人がいる」


たった一つのこと、たった一人のことなのに、なぜかそれに引っかかり夜眠れない……。

たった一人だけ合わない相手がいるのがどうしても気になり職場に行くのが憂鬱になる……。

そうした経験をする方は多いと思います。なぜたった一つのことが心に引っかかってしまうのでしょう。

職場の一人とうまくいかず寝つきが悪いYさん

ＩＴ関連の企業に勤める営業職のYさんは31歳。自社で開発したアプリなどのサービスの営業担当で、社内ではすでに中堅で幹部候補生になっています。上司からの信頼もあり仕事を地道にこなしているのですが、開発部門の担当者の一人とだけうまくいかないことを感じています。その担当者はYさんが「新商品の納入時期をいつもせかしてくる」と陰で愚痴を言っているのが間接的に伝わってきたからです。これが心に引っかかりYさんは夜の寝つきが悪くなりネガティブな気分に陥っていました。

別の会社に勤めている友人にその話をすると、「完璧主義はやめた方がいい。陰で悪く言うやつはどこでもいるから。全員とうまくいくなんていう話はあり得ない」と言われ、確かにそうだ、と納得はするのですが、それでもやはり気になってしまうのです。

定番の解決法では抜け出せない

先輩からは「開発部のほかの人からは特に文句もないし、上司も同僚も他の人とはうまくいっているのだから、嫌なところばかりに注目せずうまくいっていることを思い出したらどうか」と言われました。確かにうまくいっていることのほうが多いのに、たった一人との関係が悪いことを気にする自分は気にしすぎだろうか、と考えるとこれもまた自分はだめだ、というネガティブなスパイラルに陥ってしまうのです。

一つのことが心に引っかかり悩む人には、

●よくないところではなく、うまくいっているところも注目しよう

●すべてうまくいくはずはないのだから、完璧主義はやめよう

などというアドバイスをするものです。でもいくらそう言われてもなかなかネガティブなスパイラルからは抜けられないものです。定番ともいえるこうした解決法では「一つのネガティブ要素の罠」から抜け出せません。

「失敗しないための危機管理能力」という見方

では一つのことが気になってしまうのは神経質で小心者なのでしょうか？　答えはノーです。「一つのネガティブ要素が気になるのは人の持つ損失回避の心理のためである」ということだからです。

ダニエル・カーネマン博士は「脳はいいニュースより危険な兆候を持つ言葉や悪いニュースに敏感に反応する」と述べています。人は悪い評価や評判について詳しく検討し損失を避けようとする、というのです。いいことは放置しても危険はない、しかし悪いことは見逃すと大変なことになるかもしれない、という不安感が悪いことへの反応を過剰にするわけです。

つまり悪いことが気になるのは、人の持つ損失回避という特徴のためであり、そうした視点でみると気になるのは決して悪いことではなく、むしろ「失敗しないための危機管理能力」と捉え

てはいかがでしょう。だから一つのことが気になったときは、自分の危機管理能力が働いている、と認識するほうがいいでしょう。

心の罠から脱出する4つのステップ

そのうえで一つのネガティブ要素に対して、危機管理しながら過剰反応しないためのステップを立てることが大事です。

その1　ネガティブ要素の事実を書き出す
その2　それに対していまできる現実的な対処法を考える
その3　対処法を速やかに実行する
その4　実行した段階でネガティブ要素について考えるのをストップする

前述のYさんの場合は、「開発部の人たちはせかされていると感じているのか」といったことを意見交換するミーティングを企画するなど、普段のコミュニケーションを増やすことを対処法として実行しようと決めたそうです。Yさんは対処法を考えた時点で気分転換できました。

小さな問題点を気にして思い悩むところでとどまらずに、問題点を冷静に捉えて対策を立てれば、心のベクトルは変わります。それが「ネガティブな心の罠」から抜け出す手がかりになるのです。

失敗をもう引きずらない
すぐ立ち直るための心の向け方

失敗するとその日眠れない、翌日も思い出しては後悔と恥ずかしさで一杯、すぐ前向きになりたい、という悩みをお持ちの方多いですね。対策を考えます。

相談ケース

企業総務のZさん（30代）は、リモート会議のセットを担当しています。何回か開催してうまくいっていたのですが、先週は全国の支店を結ぶ会議の際、資料のパワーポイントが共有できず失敗し、会議の進行が手間取りました。このことで周りから嫌味を言われたりして気持ちが落ち込み、その日は眠れずいつまでも恥ずかしさと自分がダメな人間だという気持ちでやる気がなくなってしまいました。いつも何か失敗すると立ち直るのに時間がかかる傾向を直したいということです。

解決へのヒント

失敗すると嫌な気分になるのは当たり前ですね。当たり前と言えば「何か行動したから失敗した」ということです。何もしなければ失敗しない、安全、なのです。行動することは上達することの条件です。失敗しないで上達することはまず無理ということです。ですから失敗の可能性をできる限り少なくして上達することに心の方向を向けることが必要です。失敗して恥ずかしい、周りに悪く思われないか、などという感情にとどまればそこから抜け出すことができません。感情から抜け出し心の方向をリセットすることが必要です。

「失敗を引きずる」思考回路の傾向と対策

傾向1　人の評価や評判を気にする

いつまでも引きずる人の特徴として、失敗の内容より「ダメな人と思われないか」と人の評価や評判を気にしてその感情で堂々巡りしている傾向があります。感情が渦巻いていないか確認してください。

傾向2　「先読み思考」でうつ状態に

この失敗で上司に悪く思われたら今後評価が上がらない、そうなったらどうしよう、と先へ先へと推測しその推測でどんどんうつ状態に陥ることがあります。確認してください。

傾向3　悪いことに注意が向きやすい

これは心理学の鉄則でもありますが、人は良いことではなく悪いことに注目する傾向があるのです。良いことはすぐ忘れるのに悪いことは心に記憶されます。ただそれは、次に失敗しないための予防策として心に刻むという人の心理の特徴だとお考えください。

傾向4　楽観主義的傾向が少ない

楽観主義者は失敗しても「今回はたまたまだ。次は気をつけよう」と考えます。悲観主義者は「一度失敗した。これからも失敗するかも」と考えたりします。楽観主義者は「これは自分だけの責任ではなく、ほかにも要因があるかも」などと考えますが、悲観主義者は「自分だけが悪い」と考えがちです。どちらが良い悪いということではなく、楽観ばかりでも困る場合はありますが、悲観的にとらえる人は引きずる傾向があるのは事実です。

実際Zさんの会議の失敗は、支店のインターネットがつながりにくくなっていたことに要因がありました。資料をあらかじめ全員に送っておけば防げたわけで、不手際とも言えますが、ネットの問題もあったということに気がつけば気持ちも違っていたはずです。

対策1 感情の立ち入り禁止時間を作る

失敗して恥ずかしい、人からどう思われるか、という感情が入り込めない時間を作ることは大事です。それには他のことに集中することが必要で、例えば、ジョギングする、泳ぐ、ヨガをする、楽器を演奏する、料理を作る、掃除するなどが役立ちます。

ゲームや飲酒、ギャンブルなど非生産的な逃避行動は心の回復に逆効果です。自分なりの感情立ち入り禁止時間を作ってください。

対策2　自分の味方になる

自分はだめだ、能力がない、というように失敗するとすぐに自分を否定し、まるで自分を責め立てているように見える人がいます。こういう方はその後うつ状態になりやすいので注意してほしいと思います。失敗した後はとにかく失敗自体で自分は傷ついているのです。あなたはけがをしたとき、傷の手当てをしてけがが治るように身体をいたわりますね。けがをしてダメな奴だ、と自分を責める人はいないでしょう。それと同じです。失敗した日は自分をいたわってください。それが回復のスタートです。まずあれこれ思い悩むのをやめてその日一日はまず気持ちを落ち着けましょう。深呼吸して身体を緩め、緊張をほぐすことです。

対策3　感情と事実を分けてみよう

失敗して恥ずかしい、人から悪く思われる、という感情をひとまず横に置いておき、失敗を事実としてとらえ、何が要因か、どうすれば今後失敗のリスクを減らせるかをリストアップし箇条書きにしてみます。自分でできる対策と、人の協力を必要とすることに分け、できることをいつから始めるか考えることに意識を向けます。こうしてスタートすることで失敗を乗り越えるでしょう。

反応がないのはもしかして…最悪の事態を想像して落ち込む癖の直し方

連絡した相手から返信がなかったり、思うような反応が得られなかったりすると、すぐ最悪の事態を考えて落ち込むことはありませんか？　対処法を考えます。

相談ケース

Γさん（40代）は主婦で中学生の子どもがいます。子どもの帰りがいつもより遅いと携帯に連絡してみますが、電話に出なかったりラインが既読にならないと途端に心配になり、事故に遭って救急車で運ばれているのではないか、誘拐されたのではないか、などと考えて家事が手につかなくなります。いつもそんな調子で、連絡がつくと「なぜ電話に出ないの？心配させないで」と子どもを責めたりするので、すでに親離れしつつある子どもから嫌がられています。

Δさん（30代）は営業職です。リモートで営業をするようになったのですが、相手の表情が見えにくいことが気になって仕方がない時がしばしばです。何か相手の気に障ることを言ったのではないか、自分はこのスタイルの営業では成果がゼロかもしれない、うまくいかないと今期の評価が最低ラインになってしまう、などと想像して気持ちがめげてしまうのです。

解決へのヒント

起こりうる最悪の事態を想定すること自体は悪いことではありません。想定外のことが起こるこの時代、根拠のない楽天主義で悪いことを考えるのを避けてしまうよりよほど良いかもしれません。ただし「最悪の事態だけ」を想像することが問題なのです。

医療の場面でも最悪の事態を想定することは必要不可欠です。あらゆる事態に備えることが大事だからです。診療の際、医師は、鑑別診断ということを実践します。それは患者さんの症状からどんな病気を想定するかをできるだけたくさん思い浮かべ、頻度が高そうな疾患のいくつかに優先順位をつけて検査をしていくのです。症状から多くの疾患を思い浮かべられるのがスキルのある医師です。当然最悪の事態も想定します。ただし最悪の事態だけを一つ思い浮かべほかの可能性のある疾患を考えないようでは医師失格です。医師の鑑別診断を応用して「最悪の事態を想像して落ち込む」癖を修正していきましょう。

「最悪の事態を想像して落ち込む」癖の傾向と対策

傾向　最悪想定スイッチをオンにしていないか？

最悪の事態を想定して落ち込む人は、何か起こると自動的に最悪の事態を想定しその事態から起こることを次々に考えてしまう傾向があります。思考の焦点が「最悪の事態」に向いていて、そこを出発点にしてほかの選択肢をなくす傾向があります。

対策1　最悪を想定したらそこで一度思考を小休止する

自分が最悪の事態を想定したら一度そこで深呼吸してください。立ち止まるのです。最悪の事態を想定したら次々に考えず、心のゆとりを取り戻す時間をほんの数分作ります。深呼吸したり、水を一杯飲んだり、背のびしたりして次々に考えるのをストップさせます。これをしないと坂道に置いたボールのように連鎖した悪い予想で気持ちが落ち込みます。

対策2 ほかの可能性はないかを鑑別診断する

可能性のある状況をできるだけ多く思い浮かべます。例えば、子どもが電話に出ないのは、携帯をロッカーなどに置いて手元にない、塾が長引いている、カバンにしまっていて出せない、などなど。最悪の事態以外の可能性を考えます。

対策3 最良の可能性も考える

一番良い可能性を考えます。良い成績で先生にほめられている、など。最良のことを想像すると心が少しホッとします。

対策4 最も可能性の高いことは何かを考える

次に現実的に最も可能性が高い事態は何かを考えます。そしてその事態が起こった時自分がどのように対処するか考えておきます。シミュレーションするわけです。これで鑑別診断のステップは終了です。

まとめ

最悪の事態を想定して落ち込む方はこうして鑑別診断のステップを踏むと次第に状況判断のスキルがアップします。さらに自分が想定したことがどのくらいの精度で正しかったかをできる限り検証しておくことが必要です。こうして手順を踏むと次第に心の癖が修正できますし、現実的に起こりうる事態の可能性を考えるセンスが身につき、パニックを防ぐことができます。

大事なイベント前の「緊張しすぎ」克服へ 非日常を日常に変えよう

会議でプレゼンしたり、習い事の成果を披露したりと、人前で何かをするという大事なイベントの前にひどく緊張してしまうという悩みはありませんか？「私は人前が苦手だから」とあきらめないでください。その行動に慣れていないだけなのです。

相談ケース

2年前からバイオリン教室に通うⒽさん（20代）は、昨年初めて発表会に出ることになり、がんばって練習していました。ところが発表会の1週間前に「失敗したらどうしよう」と不安がひどくなり、日増しに緊張が強まって憂鬱な気分に。仕事もあるのでたかが趣味のことで悩むのはやめようと思い、体調不良を理由に発表会を欠席しました。それから1年、今年は新型コロナの影響で、発表会の代わりに先生の家で動画を収録し後日公開することになりました。今度は観客がいないから大丈夫だろうと思っていたのですが、後で人に見られるのだと思うと、収録の日が近づくにつれ気分が重くなるのを感じて「自分はだめだなあ」と思ってしまうのです。

人前でのプレゼンが苦手、という方もいます。

Aさん（30代）は、プレゼンの資料作りは得意なので、主にそうした業務を受け持ち、プレゼン本番は同僚に任せるという役割分担をしてきました。ところが最近、中間管理職へのステップアップの条件としてプレゼンが重要になったため、これまでのように避けて通れなくなってきました。プレゼンが近づくと夜の眠りが浅くなり、不安で早く目が覚めたりして、プレゼン当日は朝から緊張して、会議が始まると手に汗をかき、顔は赤くなり、緊張して声は震える、という状態です。このままではステップアップなどできない、と自信を喪失していると言います。

解決へのヒント

複数の人の前で自分の意見を話したり、発表会のような場で演奏や演技を披露したりするのが苦手なのは、「自分は緊張するたちだから」と思っている方が多いのです。でもそうした方に「では練習ではどうですか？　緊張しますか？」「お友達やごく親しい人と話す時も緊張して顔が赤くなりますか?」と聞くと答えは「ノー」です。

緊張するたちなのではなく、単にその行動が日常的ではない、つまり慣れていないだけなのです。

「イベントの前に緊張する人」の傾向と対策

傾向1 「避けるから緊張しやすい」悪循環

自分は苦手だからやめておこう、と人前での発表などを避けてばかりいませんか? 人前に出る機会を回避できると不安や緊張はなくなりほっとするはずです。でもまた次の機会が巡ってくると緊張感はさらにひどくなるという悪循環に陥ります。そこで逃げずに経験すると、次回からは少し緊張が少なくなります。

傾向2 緊張するのはそれが日常ではないから

人前で緊張する人も練習では緊張しません。友達や家族と話すときは手に汗もかかないし、声も震えないはずです。それが日常的に行われて、慣れていることで緊張しないのです。練習は普段しているから緊張しない、そして緊張しないから失敗も少ないのです。人前で緊張するのは単にその機会が少なく慣れていないから、つまり非日常的であるからと言えます。

対策1　避けてはいけない——非日常を日常にする

人前に出る機会から逃げないことが最大の対策です。とにかくどんな機会も逃さず人前でなにかをしてみることをお勧めします。私も昔は人前で話すことが苦手で緊張したのですが、講演会などの機会を重ねるうちに人前でのイベントが日常的になり緊張しなくなりました。最初はご自分の周りで参加できる会議などにできる限り参加して、発言の機会があれば発言してみることからスタートしてはいかがでしょう。あとは会議に出た時に質問をしてみると自信がつくものです。こうして慣れないことを日常にすることで苦手意識は必ず薄れていきます。

対策2　イベントが終わった時の解放感をイメージする

緊張するイベントが終わった時、どんな気分になりますか？　ほっとして肩から力が抜け解放的な気分になるでしょう。緊張した時は、終わった後の解放された自分をイメージしてください。このイメージはかなり役に立つはずです。

対策3　頭上のオレンジの視点

イベントの前に、自分の頭の上にオレンジが一つのっているイメージをします。そしてそのオレンジの部分から、つまりいつもより少し高い位置から周りを見下ろす感じです。こうすると少し心にゆとりが生まれます。またこのイメージをすると姿勢がよくなります。うつむいていると自信がない気分になりますが、姿勢をよくして目線を上に向けていると自信が生まれます。

対策4　しっかり長く息を吐く

緊張すると呼吸が浅くなります。交感神経が緊張するので手に汗をかき、心拍数が増えてきます。これを予防するために緊張を感じたらまずできるだけ長く細く息を吐きます。息を長く吐いていると今度は大きく息を吸うことができます。この呼吸がリラックスにつながります。何も考えず、なるべく少しずつ長く息を吐くことに集中すると、交感神経が緩み緊張がほぐれていきます。これは普段から練習しておくと役に立ちます。

対策5　自分につぶやいてほしい言葉

緊張するたちだと考えている方につぶやいてほしい言葉があります。「私はイベントで緊張するたちなのではない、それに慣れていないだけだ」という言葉です。そう自分に言い聞かせながらトライしてください。心臓がドキドキして声が震えても、つぶやきを何回か繰り返すたびに次第に落ち着いていきます。「自分は苦手」「そういうたち」というレッテルを貼らないことが大事です。

令和のサラリーマンを悩ます「年功序列逆転ストレス」をいかに乗り切るか

最近気になるのは若い世代の「昇進するのが怖い」という声です。平成の時代は課長職になるのがいやという声をしばしば聞きました。その要因は仕事が多いわりに給料が安くて割に合わない、上と下の間に入り板挟みになるから、というものでした。でも最近は少し異なります。年功序列逆転ストレスとでも名づけるのが適切かと感じるストレスです。特に技術職などで気になるこのストレスについて対策を考えます。

相談ケース

Πさんは30代前半。大手メーカーの技術開発の部署で昨年秋に主任になりました。仕事ができて人間的にも穏やかなΠさんは上司の評判も良く周囲からの評価が高かったのですが、昇進してわずか3カ月ほどで体調が悪くなりました。眠りが浅い、朝起きてもすっきりしない、明け方不安な気持ちで落ち着かず目が覚めてしまう、という症状です。また食欲も低下し何を食べてもおいしいと思えないということで産業医に相談をしました。

Πさんの部署は20人ほどでチームを組んでいます。Πさんは現場の開発のプログラム手順を組み、実質的に現場を仕切っているのですが、その中の半分はΠさんより年齢が高いのです。チームの半分は自分より先輩、数人は同年代ということでとてもやりにくさを感じていました。気をつかいながら指示を出しても露骨に面白くなさそうな顔をしたり、話をきちんと聞かない人が数人いるのだそう。立場的には注意をしなければならないのですが、年齢が若いことで躊躇(ちゅうちょ)してしまい、課長にこんなことで相談するのはみっともないと思い我慢しているうちに体調が悪くなったということです。

解決へのヒント

要因1 昭和から平成の終わりまで続いた年功序列意識

長期間継続したいわゆる年功序列による昇進、その意識はまだ根強く残っています。自分より若い人間が立場的に上になるのは許せない、という気持ちは非常に強いものです。今の20代、30代の方はそうした年功序列意識はわかりにくいかもしれませんが、40代以降の方は年齢が上がり経験を積めばステップアップすると信じて若い時代を我慢してきただけに、それが変化するのは許せない気持ちになることが、年功序列逆転による職場のストレス要因になると思われます。

要因2　職場で昇進することだけが自分のアイデンティティーという意識

年功序列意識に強く縛られている人は職場が人生のすべて、人生の最優先課題が「職場で昇進すること」になっているものです。このため自分より若い人間が自分より役職が上になると自分の存在を否定された思いに陥るのですが、一方でそれを認めたくはない、という気持ちもあり、若い上司を無視したり反発したりするという行動になることがあります。営業や企画開発の分野では新しいツールの利用で従来の通信や流通システムなどが急速に変化してこれまで能力を発揮して活躍してきた人が適応できずに序列を逆転されるということも多く見られます。そのような場合、大きなストレスと喪失感を感じてしまいやる気が失われ、反発しているわけではないのに、そのように見えてしまうこともあります。

要因3　職場の傾向や職種で年功序列ストレスの度合いは異なる

職場や職種でこうしたストレス傾向には差があります。例えば私がいる医療の業界では年齢や経験のある医師は年上として一応尊重はされますが、業績が評価と昇進の基準です。ですから年齢が下でも大学の教授になり講師が年上などということは常識です。したがって面白くない思いはあるにしても、年功序列が逆転した場合には仕方なく受け入れなければならないという背景があります。

そのほかＩＴの業界やアートなどクリエイティブな職種でも、年功序列意識はあるにしてもそれは受け入れなければならない現実として捉えていると思われます。

もっともむずかしいのはオーナー企業で、これまで年功序列制度を続けてきた企業でオーナーが２代目になり方針を転換したような場合です。また企業が合併し外資が急に経営の主導権を握って方針を変えた場合です。こうした職場で勤務した場合、年功序列で歩んできた環境が急激に変わり適応が難しいといえるでしょう。Πさんの会社もそうした企業の一つでした。

年功序列逆転ストレスを克服する対策

対策1　年功序列逆転の両者ともにストレスであることに気がつく

年功序列が逆転し自分が昇進した場合も、逆に自分より年下の人物が上の役職になった場合も、同じようにストレスを感じていることに気づくことがまず必要でしょう。自分の意識の中にそうした視点があることは一見何でもないことのように見えるかもしれません。しかしこれは心にゆとりを生み出す大事なポイントと言えます。年上の部下が自分の指示に従わない場合、Πさんのように、意識の中に「相手は自分のプライドが侵害された気分になっている」という気づきがあると、相手の反応に対するストレスが変化するはずです。自分も相手も同様のやりにくさを味わっているという意識の中から、相手との距離感をつかむ手がかりを見つけることができるものです。

対策2　視点を年齢から業務にフォーカスする

Πさんは１カ月休職しその間、部署の異動や主任の辞任という選択肢も含め考えました。

ただ業務自体は自分が得意とする分野なので続けたいと思い、年齢にこだわるのはやめて遠慮しすぎず普通に業務を進めてみようと考えたそうです。Πさん自身が年齢にこだわることで逆に相手が不快になったという可能性も否定できないからです。

対策3　相手の反応に巻き込まれない姿勢を保つ

自分の指示に従わなかったり無視されたりすると、落ち込んだりイライラしたり怒りを感じたりするものです。このように相手の感情に巻き込まれないようにすることが大事です。イライラしたらまず数秒深呼吸する、すぐ反応せず言葉を選んで再び指示するという姿勢を保つ訓練も必要です。感情は相手に伝わるので自分がイライラすると相手の感情も高ぶります。相手の感情に巻き込まれない、と心に決めることが必要でしょう。ただしいくらこのように対処しても相手が改善しない場合は、上司に相談することも必要です。

対策4　職場以外の自分の価値について考える

心理学者アブラハム・マズローは人間の願望を精神的成長と絡めて次のように述べています。まず基本的な願望として生理的欲求がある。眠りたい、食欲を満たしたいなどの欲求です。

す。これが満足すると安全欲求が生まれます。安全な場所で過ごしたいという欲求です。これが満足して愛と所属の欲求が生まれます。愛する人と家族を持ち、親しい仲間とコミュニティーを作りたいという欲求です。これが満足すると社会承認欲求が生まれます。社会の中で自分の居場所を作りたいという欲求です。職場での昇進はこの欲求といえるでしょう。この欲求で精神的な成長が止まるといつまでも昇進や社会で他者から認められることを求め続けることになります。マズローは社会承認欲求の次のステップとして自己実現願望について述べています。自分らしい独自の人生を送るという願望です。自分らしい人生を目指すと他者との争いや比較をすることがなくなり他者から認められることだけを価値とする人生から脱却できるのです。職場で昇進ができないと自他ともに負け犬という評価を下すこれまでの社会通念から脱却することが必要です。社会の中での居場所を見つけたら次は職場以外で自分を活かせる場を作ることが年功序列逆転の時代を生き抜く必要条件になるでしょう。

まとめ

年功序列が急速に崩れた今、古い意識がまだ残る世代と能力主義の経営方針のはざまでストレスが生まれる状況が多発しています。職場での地位が自分のアイデンティティーという価値観から脱却し自分らしい人生を見つけることが、こうしたストレスをなくすために必要です。

パワハラ上司3つのタイプとは…おびえないで相談しよう

この数年、パワハラで体調を崩す方の相談が多いという実感があります。では職場でパワハラについて予防対策をしていないのかというと決してそうではないのです。パワハラ防止に努めているにもかかわらず、ハラスメントが相変わらず続いているのは一体なぜなのか考えてみました。

パワハラを受けても我慢が一般的？

厚生労働省の平成28年度の調査によると、過去3年間にパワハラを受けたという相談を従業員から受けた企業は36.3％、過去3年間にパワハラを受けたことがあると答えた従業員は32.5％でした。しかし、パワハラを受けた人の40.9％がパワハラを受けても何もしなかった、12.9％が退職したということです。つまりパワハラを受けても泣き寝入り状態あるいは退職に至っていることは大きな問題といえます。

安心して相談できるのか？

なぜ我慢してしまうのか、その要因の一つはどこに・誰に相談していいかわからないということが挙げられます。というのは厚生労働省の調査でパワハラを受けたとき社内の相談窓口が明確化していると答えた人は36.2％にとどまります。また相談窓口があることは知っていてもそこで安心して相談ができると答えた人は41.9％にすぎません。相談しても逆に自分の立場が危うくなってしまうのではないか、という恐れでパワハラを見聞きしても相談を控えることもパワハラを放置させてしまう要因になっているといえるでしょう。ハラスメント防止のためにはまず、相談窓口をはっきりさせ、安心して話せる場だというメッセージを伝える仕組みを作っておくことが職場に求められます。

パワハラを繰り返す管理職3つのパターン

パワハラをする管理職はなぜか何度も同じことを繰り返している傾向があります。パワハラで体調を崩した方から「自分の前にも何人か同じような目にあい退職した人がいる」という声を聞くことがあります。

1 ハイスペックタイプ

実際に何度も社内の内部監査で注意を受けたにもかかわらず、全く変化がないという管理職も結構な割合で存在します。仕事ができると評価されている管理職に多いタイプで、自分がやってきた仕事のやり方が唯一の成功の条件という信念があり、ほかのやり方で仕事をしようとするのを許せないという場合などです。営業職でこうした傾向を持つパワハラ上司がいます。ほかのやり方をしようとしたり結果が出せなかったりすると人格否定発言などをするものです。

2　不安八つ当たりタイプ

自分が雇用不安を抱えていたり、上からの締め付けで心理的に追い詰められていたりすると、部下に八つ当たりをする場合があります。ごく些細(ささい)なことで自分の思い通りにいかないとかっとして感情的な発言をして部下に当たります。自分の部署の残業時間について上から厳しく指摘された管理職が、人手不足のため夜残って仕事をしていた部下に向かって「何を考えて仕事してるんだ、仕事の進め方もわからないのか」と書類を投げつけた、などというケースがあります。上から悪く思われたくないという気持ちが強い管理職は上には平身低頭し、その抑圧した気持ちのうっぷんを部下に向けます。自分の心のコントロールができない上司は部下にとって大迷惑です。

3　嫉妬タイプ

自分の実力に自信がなくなり部下に当たる上司もいます。かつては業績を上げて管理職になったものの、時代の変化で今は実力に自信がない、管理職だから優秀な部下に任せて業績を上げてもらえばいいのですが、かつては自分も業績を上げた身。優秀な若手の部下に対する嫉妬から何かとケチをつけて仕事をやりにくくするタイプです。研究職やアートの業界で見かけることがあります。

パワハラの連鎖

パワハラをする管理職は自分もパワハラを受けて仕事してきたという意識があります。パワハラの連鎖というのでしょうか。「自分はこれくらいのことをされて平気でやってきた。だからこのくらいはパワハラには当たらない」「昔はこんなことはパワハラではなかった。この程度のことが乗り切れなくてどうする」というタイプです。スポーツで問題化するしごきやしつけと称する暴力に通じる心理ともいえるでしょう。ある企業でこんなことがあったそうです。「自分は営業で、上司を車の助手席に乗せて運転し赤信号で止まったら、いきなり上司に『おまえ何でこんなとこに止まるんだ』と殴られた。訳が分からなかったが、止まったところは助手席が日なたで暑かったからだった」。この程度は問題ないと思っている管理職もいるのです。

パワハラ上司を怖がらない

パワハラを受けた方はご自分の仕事パフォーマンスに自信がなくなったり自己肯定感が失われたりするものですが、実はパワハラをする管理職のほうに多くの問題があることに気がつきおびえないでほしいと思います。いじめやハラスメントは自分の心の不安を隠したり自分のやり方だけを正当化したりするためであることもしばしばです。おびえずに社内の相談窓口に相談し、パワハラ上司の問題点を改善するスタートをしてほしいものです。

また企業にとって、パワハラは社内の雰囲気を悪化させ業績を低下させることになります。普段から風通しのいい職場ではハラスメントは起こりません。上に対してものが言えないという構造の企業には問題が起こりやすいといえます。まずハラスメントその他必要な支援の窓口をはっきりさせ、安心して相談できる場があることを社内に周知してもらいたいと思います。

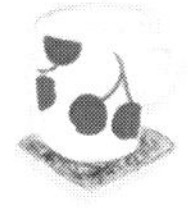

「いいね！」の魔力に負けないための〝護心術〟
人からの評価にふり回されない

趣味の絵や写真、音楽などを気軽にＳＮＳで世界に発信できる時代になりました。その評価として「いいね」の数を気にしすぎていませんか。ツイッターやインスタグラムの「いいね！」の数、気になりますか？　気にしたくないけどやっぱり気になるという方は少なくないようです。誰でも「いいね！」が多いほど気分が良くなるのはわかりますが、少ないと不安になったり憂鬱になるのは困りますよね。対策を考えます。

相談ケース

仕事で適応障害になり、うつ状態で休職中のΣさん（20代）は、主治医から仕事以外の楽しみも必要と言われてイラストを描くことにしました。ツイッターで投稿すると「いいね！」がもらえたり、フォロワーが増えたりするのが嬉しく、「いいね！」をもらった瞬間は誇らしい気分になるそうです。でもしばらくして、自分より下手だと思うような人のイラストにたくさんの「いいね！」がついているのを見ると不快でイライラするようになりました。どうしたら「いいね！」を多くもらえるかを気にして時間を費やし、またスマホを見て一喜一憂するのもつらくて、しばらくツイッターをやめようかと考えています。でもイラストは楽しいし、描いていたいなという気持ちもあって葛藤（かっとう）状態です。

解決へのヒント

ＳＮＳの「いいね！」が魔力を持っていることは事実です。評価してもらえたと感じていい気分になるのは誰しも同じです。しかし自分の自己肯定感を「いいね！」の数やフォロワー数に支配されてしまうとストレスになります。自分がつらい状況にあるとき、うまくいっている様子の人が投稿に多くの「いいね！」をもらっているのを見てさらに落ち込むこともあります。「いいね！」に支配されない自分を確立すること、自己肯定感を「いいね！」の数で左右されない自分を作ること、人と比較しない自分の立ち位置を作ることが大事と言えます。「いいね」の数が作品の価値を決めるものではありません。

「いいね！」の数に支配される人の傾向と対策

傾向1　「いいね！」を増やすために人に気に入られるものを書こうとする

「いいね！」の数で気分が一喜一憂する人は、自分が何を書きたいのか、何を投稿したいのか、ではなく、どうしたら多くの「いいね！」がもらえるかを優先して考えます。これが自己肯定感を育てられない要因です。

傾向2　常に他人と自分を比べてしまう

また常に人と自分を比較しています。比較する相手は、自分の立場とよく似た人です。例えば自分がその分野のプロではないなら、アマチュアの立場で年代も性別も似たような人です。決してプロや社会環境がかけ離れた人ではありません。似たような立場の人との勝ち負けを気にして一喜一憂します。

傾向3　人の評価がないと不安になる

自己肯定感を感じられるものを持っていない場合がほとんどです。「いいね！」はそうした自分の心の空白を埋める心の支えとなっているのです。ですから「いいね！」が少ないと自分の存在価値が揺らぐような気分になってしまいます。

傾向4　「いいね！」欲しさで不要なつながりを作る

「いいね！」が欲しいために、フォロワーの数を増やそうとしたり、SNS上の友達を増やすために特にかかわりを持ちたくもない人のフォローをしたりされたりします。そうした不毛なつながりがストレスになることもあります。

対策1　まずは自分を主語にして目標を立てる

「いいね！」依存から脱却するには、人の評価を受けやすくするために行動するのではなく、自分がどうしたいかに焦点をあてます。Σさんの場合なら、何が気に入られるかより先に「自分が何を書きたいか」「自分のイラストの目標は何か」をイメージします。

対策2　行動目標に向かい進む

自分なりの目標を立てたらそれに向かい進みます。この間、人の投稿などは見るのをやめておきましょう。自分がこうしたい、こう書きたいという目標に向かって努力していると意識しながら過ごします。結果として何を書いたかではなく、自分の努力を評価してください。人との比較に費やす時間をなくし、自分の目標ファーストという方針で過ごします。

対策3　自分の進歩に敏感になる

自分が少しずつ進歩していることを客観的にきちんと受け止め評価します。高い目標を掲げた場合は、達成可能なレベルから段階的に上げていきながら努力します。すると、人からの評価への依存は少しずつ減少するはずです。またこうした努力で人との比較も減少するはずです。

対策4　忖度なしの信頼できる相手を持つ

忖度(そんたく)なしで自分の作品や仕事などを評論してくれる信頼できる相手がいればベストです。

ＳＮＳ上の友達でなくリアルな友達でも先輩でもいいのですが、そのことに詳しく、感情的にならず客観的に評価してくれて利害関係がない相手がいればベストです。

まとめ

自分に自己肯定感が持てない場合、人から評価されることは安心材料になります。仕事でも趣味でも人からの評価は一つの基準になります。ただ人はそんなに簡単には評価してくれないものです。評価が得られるまでには時間がかかります。まず自分なりの目標を立ててそれに向かって努力することが、ひいては人からの評価を得ることにつながります。ＳＮＳ上の「いいね！」は好評価を示すものではありますが、忖度や社交辞令もあるでしょう。また逆にうらやましさや悔しさからつけないこともあります。ですからそれで心の平安を乱されるのはやめたいものです。「いいね」の数が作品の価値を決めるものではありません。

「良すぎる母」と「自慢の娘」女性同士の複雑な関係

母親との関係で悩む女性は多いですね。最近では〝毒親〟などという言葉を聞くこともしばしばです。でもそれとは逆に〝良すぎる母親〟が重すぎて負担という女性もいるのです。こうした母と娘に関わる女性の悩みは、男性にはよくわからないかもしれません。しかし、母娘関係の複雑さは男性に理解してもらうことが必要です。ご自分の妻や娘の関係には男性である夫や父親の態度も関係してくるのですから。

相談ケース

大学院を卒業してさらに博士を目指しているΦさんは子どものころから母親の自慢の娘でした。女子高から理系の国立大学に進学できたのは母親の協力があったからだとΦさんは感じています。お弁当や夜食作り、塾の送り迎えなど生活のすべてで母親の協力があり、勉強に集中できたから受験に成功したと感謝しています。母親の協力は大学院に通う間も卒業後も続き、実家暮らしのΦさんは大学の同級生が就職して自立している話を聞くたびに気持ちが落ち込んでしまうのです。Φさんは経済的にも恵まれており生活のすべてが親がかり。アルバイトをしようとしても母親が「そんなことはする必要がない」とさせてくれません。研究室の帰りに多少の自由時間はあるものの、母親に買い物に誘われたり、最近はテイクアウトの料理を一緒に選んでほしいなどと言うので付き合うのですが、息苦しい気分になることも増えてきました。研究室の先輩の男性に気になる人もいるのですが、母親から反対されそうでお付き合いは控えていると言います。母親はΦさんの結婚相手の理想像があるようなのです。「いい母」なのだが母親の存在が重い、とΦさんは感じていて、先々のことが不安になったりするのです。ちなみにΦさんの父親は子どものことはすべて妻に任せきり。いつも仕事で忙しく休日もゴルフなどで不在のことが多いということです。

解決へのヒント

毒母でも慈母でも母親との関係は、娘にとってストレスを生んでいることが多いと言えます。「親と娘」の関係から、「一人の女性と一人の女性」という関係にシフトしていくことが基本です。何でもしてくれるいい母親は便利で都合のいい存在かもしれません。しかしいつまでもその関係を続けると依存状態から抜け出せず、母親の存在が次第に重い負担になってくるのです。母親からいつ自立し大人同士の関係に転換していくかがカギと言えます。

母親との関係に悩む娘の傾向と対策

傾向1　母親と娘の同一化のリスク

女性は娘と自分を別の人格として認識することが難しいとされています。自分とよく似た同性の娘を自分の分身のように感じ、別の人格として捉えられないのです。娘には自由に自分らしく生きてほしいという思いがある一方、自分の言うことを聞いてほしいという思いもあり葛藤状態が生じます。こうした葛藤を乗り越えて女性は精神的に成長するのが望ましいのですが、それができないままだと、自分の思い通りにならない娘を虐待する毒親や、娘の学歴や職業や結婚相手を自分のアイデンティティーにしてしまう母親になるのです。

傾向2　いい母親と娘の共依存リスク

いい母親と言われる女性は、「都合がいい母親」と言えるかもしれません。娘にとっては経済的に援助してくれ、食事作りから掃除まで生活の面倒を見てくれるので都合がいいのです。母親にとっては「娘を手助けしているいい母親」という役割が与えられるわけで、お互い依存している状態になることがあります。母親がいつまでも娘に巣立ってほしくないのは、巣立ったら自分の居場所がなくなる不安があるからです。この関係が娘には重い負担となるのですが、娘にとっても巣立つことへの不安でこうした状況から抜け出せなくなるのです。

傾向3　父親不在の環境が影響することも

子育てや子どもとのコミュニケーションは妻に任せきりという家庭の場合、子どもの教育やしつけなどはすべて女性である妻の責任になるものです。こうした環境の中でいい母親であることが自分の「社会における存在価値」と感じる女性は、子どもに過干渉になる傾向があります。娘の学歴や評判がいいことは自分の勲章と感じ、それをアイデンティティーにしてしまう傾向があります。

対策1　少しずつ自分の自立の場を作る

いい母親の過剰な保護区域から自分の自立区域を作ることが大事です。急に大きな変化をしようというのではなく、じわじわと自分の自立の場を作るのです。Φさんの場合は研究室の他に高校時代の友人たちとのコミュニティーや趣味の仲間などとの関わりを増やし、母との関わりを少しずつ減らしていくことで、母親が介入しない、母親とは接点がない人との関わりを増やしていくことにしました。

対策2　食生活が自立の一歩

自分の食事作りを母親任せにしないことです。企業に勤めている20代の女性が母親の手作り弁当を毎日持ってくると聞いて驚いたことがあります。便利なのはわかりますが、できるだけ自分で作るようにして食生活の主権を自分で持つことは大事です。

対策3　いい母からの抵抗に耐えよ

娘の自立の兆候は「いい母親」であることを自分のアイデンティティーとする母親を不安

に陥れます。ですから娘に対して行動を詳細に尋ねたり、自分の希望を押し付けたりすることがあります。母親を悲しませたり、期待を裏切ったりしたくないという思いで、自分らしく生きることをあきらめてしまう人がいますが、ここが大事な分岐点です。自分は母親の一部ではない、と心に言い聞かせて行動をしてください。

対策4 父親への提言

家庭の中で子育てを母親だけに任せ、「家のことはお前に任せる」と妻に丸投げする夫の存在は妻にとり自分の人生の目的や自分の家庭の中の存在価値を「母」だけにしてしまいがちです。家庭内で父親が妻や子どもとの関わりを増やすことは妻の子離れにも不可欠と言えます。

まとめ

いい母親から離れ自分の自立を進めることは、娘だけではなく母親の自立を進めることにもなります。娘にとっては「母親の期待する娘」を卒業し自分の人生を生きる第一歩になりますし、母親にとっても「いい母」という役割がすべての人生から脱却して、自分の人生を見つけるきっかけになります。

友達から恋人に変わると関係崩壊…恋愛パターン繰り返す男性の悩み

友達から恋人に変わったかなという時期にいつも関係が壊れる男性がいます。自分は相手のことを考えて気をつかっているのにどうして…と思うことがしばしばだそうです。なぜすれ違うのか、を探ってみましょう。

相談ケース

Ψさんは高校の後輩だった女性と友人のような付き合いが続いていましたが、関係が少し近くなり恋人といえる間柄になりました。いい感じで続いていたのですが、お互い仕事や家族のことを素直に話すようになると、彼女にちょっと違和感を覚えるようになったそうです。医療関係の仕事で最近責任のある立場になった彼女は、新型コロナウイルス感染拡大で忙しくなり大変だとΨさんに話すことが増えました。ある日「またか」と思ったΨさんは、つい「自分で選んだ仕事でしょ」と言ったそうです。それ以来彼女の態度は急に冷ややかになり仕事の話をしなくなりました。関係はよそよそしくなりメールを送っても反応は鈍く、Ψさんは嫌われたなと感じています。そういえばこれまでも親しくなっては関係が壊れることがたびたびあり、Ψさんは、女性は面倒だ、と思っています。

解決へのヒント

親しくなると関係にトラブルが起こるのは、心理的な面からみれば当たり前と言えます。関係が近くなれば、第1に自分の感情を相手に隠さず伝えることが多くなり、第2に相手への要求や期待も大きくなります。これがトラブルの要因になります。自分が望むようになってほしい、わかってほしいという願望と相手の言動に差があれば、それがトラブルのもとになります。期待値が増えるから自分の期待通りにいかない時のギャップも大きくなる、ということをまず肝に銘じる必要があるのですね。Ψさんがうまくいかないのは、相手から感情を伝えられた時、特につらい思いを打ち明けられた時の対応が適切でなく、相手が期待する態度ではないからだと思われます。

親密から破綻の恋愛パターン 傾向と対策

傾向1 ありのままの感情を伝えられ戸惑う

親しくなると自分の感情をありのまま伝える傾向があります。自分の気持ちをわかってほしい、共感してほしいと思うのは当然でしょう。ただ怒りや悲しみなどの感情を一気に表現すると、相手は驚き戸惑うものです。それまである程度の距離感と遠慮があった関係からの急激な変化に、どう対応していいかわからなくなります。ありのままの気持ちを相手に伝えるのは悪いことではなく必要なことですが、相手の戸惑いは想定しておく必要があります。Ψさんの場合も、彼女の感情を聞く機会が急に増え戸惑ったと思われます。ありのままの感情を伝えられた時どうしたらよいかを知っておく必要があったのです。

傾向2 期待値が変わるという自覚がない

友人なら許せても恋人だと許せないことがあります。親しくなればなるほど相手への期待値は大きくなるからです。もっとちゃんと聞いてほしい、もっと共感してほしい、という思いが強くなるので、その期待を裏切られるような対応をされると怒りを感じます。関係性の変化で期待値も変わったことを自覚しないとトラブルにつながります。

傾向3　相手が望んでいることを考えない

恋人の感情を聞いた時、自分は何を求められているのかを考えず、一方的に言いたいことを言ったり、してあげたいことをすると、関係破綻(はたん)の引き金になります。あくまで相手の感情を受け入れることが大事なのです。Ψさんの彼女はただ話を聞いてほしい、共感してほしいと思っていたはずです。「自分で選んだ仕事でしょ」という言葉は共感ではなく共感をシャットアウトする言葉になってしまいます。そう言われたらもう次に話す言葉はなくなるのです。

傾向4　上から目線の指示は最悪

男性が年上あるいは先輩の場合などにありがちなのが「上から目線」の指導的態度でしょう。「そんなふうに捉えるからよくないんだ」「こう考えればいい」といった態度です。確かにアドバイスとして有効な場合もありますが、それは相手が「どうしたらいいかなあ」と相談した場合や、相手の感情が収まり冷静に自分で対策を考えようとした場合に限ります。

対策1 沈黙を恐れず相手の感情を想像しよう

相手からつらい、悲しい、大変だと訴えられると、なんとかしなくてはと考えるはずです。つい「こうしたらどうか」「そんなふうに考えないほうがいい」などと言いたくなっても、まずは相手がどんな気持ちでいるかを想像してみてください。想像する間、ひととき沈黙が生まれるかもしれません。その沈黙を恐れてはいけません。静かな沈黙の中であなたが自分の気持ちを想像してくれていることを相手は理解できるはずです。

対策2 「ああそうなんだね」と共感を伝える

相手の気持ちを想像したら「ああそうなんだ」という思いがあなたの心に生まれるのではないでしょうか。「ああ、そうなんだね。大変だね」。その一言は相手を救います。そして何か自分にできることはないかを聞いてみます。

対策3　そばにいるよ、というサインは大事

悲しい時や精神的に追い詰められた時、そばにいてくれる人の存在は大事です。一緒に住んでいなくてもいいのです。どこかに自分の気持ちを分かってくれる人がいることが大きな安心感になります。そんなに難しく面倒だと思わず、メールでどうしているかを聞くだけでもいいのです。

まとめ

友人から恋人に関係が変化した時によく起きるトラブルは、相手に対して遠慮がなくなり感情をありのまま伝えることと、それに対する対応や反応が期待と異なる場合が多いのです。ありのままの感情を伝えられた時は「まず聴く」という姿勢が必要です。「ああ、そうなんだね。大変だね」という言葉は結構大事ですよ。間違っても「自分で選んだんでしょ」などと言わないでください。

微妙な年齢をどう乗り切るか…「49歳の心のリスク」

49歳の相談者たち

不安感や体調不良などで相談にいらっしゃる方の年齢をみて、「また49歳か」と思うことがしばしばです。男性でも女性でも40代最後の年齢は、環境の変化や自分の中の思いが重なり、ストレスを感じやすい年齢なのかもしれません。この微妙な年齢をどう乗り切るか、これから必要な課題かもしれません。

Ωさんの場合：負担は多いが、評価は上がらず

Ωさんは企業の中間管理職。49歳。この数年、部署は人手不足で仕事の負担が質・量ともに多くΩさんは時間外労働で常に警告を受けています。直属の上司は要領がよくΩさんに仕事を押し付けて自分は出張に出かけたりしており不満感がたまっています。部下から頼りにされ、我慢強

くまじめなΩさんは部下の仕事のサポートをしたり部内の仕事を調整したりと本来の自分の職務以上の業務が多いのですが、評価は特に上がらずそのことでさらに焦燥感が強くなってきています。最近は朝早く目が覚め、会社に行くと全く食欲がなくて食べられないなどの症状があり受診。若い時は評価が上がらなくてもまだ先があるからと希望もありましたが、今はそれもなくいくらやっても変わらないことになかばあきらめ気味。転職も年齢を考えると怖い感じがして踏みとどまったそうです。

A'さんの場合：のぼりつめたけれど疲労困憊（こんぱい）

A'さんはグローバル企業の中間管理職、49歳。超ハードスケジュールの海外出張などをこなす生活をこの10年続けて順調にステップアップ。同級生の間では出世ナンバーワンで、上昇志向が強く上司からの期待もあり与えられた仕事を確実にこなすという評価を得られてはいるものの、疲れを感じており、何のためにこんな生活をしているのだろうと考え始めたころ耳鳴りとめまい、頭痛が起こり受診。MRIなど検査では異常がなくストレスによる症状という診断を受けました。着実にキャリアを積んできただけに、体調不良になると自己肯定感が失われ不安が続いています。

B'さんの場合：このまま仕事だけの人生か？

B'さんは企業の管理職の女性。49歳。独身で仕事をしてきましたが、最近会社に行くと息苦しくなり動悸がしていたたまれなくなり受診。海外出張なども多いが、そのほうがのびのびしていられるとのこと。女性が少ない職場で働くことには慣れているがこのままずっと仕事だけの人生なのかと考えることが増えている。仕事上の我慢や理不尽な思いを話す相手がなく感情を抑えることが続いていること、なにかもっと自分の特性を生かしたことをしたいという思いが症状の背景にあると思われました。

49歳という年齢

もう若くはない、でも年寄りではない、というのが49歳という年齢といえます。仕事で転職を考える場合は最後のチャンス、という感じになり簡単に決められない。職場で今後の自分の役職が見えてしまう場合と逆に全くどうなるかわからない、という場合もあり、若いころにはなかった「将来への不安」が表れる年代でもあります。人の評価や世間の期待ではなく「自分らしさ」「自分ファーストの生き方」をしたいという願望が表れるきっかけが体調の変化として出るのもこのころといえます。つまり外的な環境要因と自分の内部の要因が共に変化するのがこのころといえるでしょう。

49歳で壁にぶつかる方の特徴

自分の不満や納得できない思いを言わずに我慢してしまう傾向が強い。
周囲からの期待に応えたいという思いで仕事を続けてきた。
嫌な顔をしないので周囲から仕事を押し付けられてしまう傾向が強い。
自分の感情を表現する場がない。
上昇志向が強く無理して頑張りすぎることが多かった。

乗り越えるための6つの対策

1 転職か我慢かという二者択一的な思考回路をやめて自分の心地よい生き方はどんなことか考え箇条書きにする。
2 心地よく生きるなんて贅沢(ぜいたく)で不可能だという思い込みを捨てる。
3 自分の不満や不安について語る場を作る。
4 自分の感情を表現する手段を最低2つ以上持つ(例：楽器を演奏する、文章にする、ものを作るなど)。
5 自分が心地よく生きるために何が必要かを書き出してみる。
6 YES-NO-YESの方式で仕事とかかわる。まず自分にとってYESかどうかを最初に考える。そして引き受けられないときはNOと伝える。そのあとお互いにとりYESの着地点を提案する。

ヘドニアからユーダイモニアへの転換が必要

ヘドニアは「快楽としての幸福感」。ある活動を楽しんでいるときに経験する幸せ感を指します。おいしいものを食べる、コンサートに行く、ショッピングする、映画を観るという楽しみです。

一方、ユーダイモニアは「個人的充足感としての幸せ感」。個人の可能性を表現する活動をする幸せ感を指します。これをしているのが本来の自分である、という感じがする充足感を持つ幸せ感です。その活動をしているときに達成感があり、心地よい満足感が得られ自分にぴったりしているというものがユーダイモニアといえるでしょう。一言でいうなら「自己表現活動をする」ということでしょうか。

若いころは人の評価を得て役職が上がることだけで満足し、そのことで手一杯な生活だと思います。ヘドニアを経験したら次のステップに進む、自分の新しい可能性としての表現の場を持つ、それが49歳からの生活を充実させるものになるように感じています。

慣れない在宅勤務でストレス長期化に備えて知っておきたい対策

新型コロナウイルスの感染拡大を受け、働き方をはじめ生活のリズムが変化した方が多くいます。こうした環境や生活リズムの変化が心に与える影響は少なくありません。うまくいっている方がいる一方、在宅ストレスという状況に陥っている方もいます。その対策を考えます。

相談ケース

企業の事務職をしているC'さん（30代）は都内で一人暮らし、実家は関西です。3週間前から勤務先はテレワーク制度を取り入れて、C'さんも在宅勤務になりました。1時間半かかっていた通勤がなくなって朝はゆとりができ、はじめのうちは「在宅はこんなに楽なのか」とのびのびした気分でいられました。しかし2週間を過ぎたころから何となくだるい感じがしてすっきりしなくなったそうです。仕事も上司から見られていないので最初は気楽でしたが、次第に「怠けていると思わるのでは」「メールにすぐ反応しないとさぼっていると思われるのでは」といった不安が起こり、いつもより仕事の負担感が強くなりました。顔はこわばり固まったような感じで、肩こり、憂鬱感がひどくなったといいます。

解決へのヒント

原因1　在宅時差ぼけ

長期間にわたる在宅勤務は、まず生活リズムの変動を起こします。通勤がないため早起きのプレッシャーがなくなって夜遅くまで起きていることが多くなったり、その影響で朝起きる時間が遅くなったりします。こうしたリズムの乱れが〝在宅時差ぼけ〟というような状態を起こし、睡眠の質の低下、胃腸障害などの要因になります。

原因2　テレワークに不慣れ

どのようなペースで仕事を進めるか、特にこれまで仕事の裁量権がなかった方の場合は不安を感じるようになります。ちょっとした相談をしたいときメールやチャットで個別に連絡するものの、相手の返事がなかなか来なくて様子もわからないので進まない、などこれまでなかった連絡上の時間的負担感を起こすこともあります。急遽テレワークを導入することになった企業では特にこのような負担を想定していなかったため、社員の戸惑いが起こります。

原因3　環境適応にストレス

ネット環境、デスクや椅子が職場と違うためスムーズに仕事がはかどらない、といったことがストレスになります。また家族がいると、Zoomなどによるオンライン会議に参加する際に子どもの声が入らないかと気をつかうという方や、妻が昼も食事を作る負担から不機嫌になるため気を揉むという男性もいます。

原因4　ON／OFFを切り替えにくい

これまで「家はくつろぐ場」として過ごしてきたため、24時間仕事から離れられないようなプレッシャーを感じてしまうことがあります。「なんだかだらだら仕事を引きずっている感じで休まらない」という声を聞くことがしばしばです。

また仕事で息抜きの時間を作ることが難しく、息抜きできる環境であるにもかかわらず、途中の休憩をとれなくなっている方もいます。パソコン作業の時間が長くなり歯をかみしめて仕事をしていて、あごの関節が痛くなったという方もいます。

原因5 アルコールやチョコレート問題

家にいると昼間から飲酒したくなってしまうため怖いという方や、家で仕事しながらチョコレートを間食するのをやめたいという女性など、普段出社して他人の目があるときは我慢できることが在宅だとできないという悩みも生まれます。

「在宅勤務ストレス」対策

個人のための対策

対策1 起床時間を遅くせず普段と同じに起きる

通勤がなくなったからその分遅く起きようというのは、生活リズムを乱す要因になります。いつもとほぼ同じ時間に起きて朝の時間をゆっくり過ごすと在宅時差ぼけを防止できます。朝の時間に普段はできない散歩を始めた方は、運動不足解消になり食欲も出るので良かったということです。

対策2　ON／OFFを分ける着替え

在宅で仕事をする時どんな服装で仕事していますか？　どうせ家だからとジャージなどラフな格好で仕事を始めると、ON／OFFの切り替えができにくいものです。肩のこらない服装で、でもきちんとした仕事着に着替え、普段お化粧している方は普段の8割程度の仕上げで仕事をすることをお勧めします。仕事が終わったら部屋着に着替えるようにすると、一日中仕事を引きずる感覚が減少するはずです。

対策3　休憩タイムを自己管理

パソコンを見ているうちに時間が過ぎて、気がつくと目が疲れているという方がかなり多く見られます。スマホのタイマーで1時間半後をセットして、アラームが鳴ったら一休み。ストレッチを5～6分すると肩こりや眼精疲労を防止できます。私は椅子に片足をのせてストレッチしていますが、これなら狭い室内でも簡単に身体を伸ばせます。

対策4 顔のスマイル体操

在宅だと普段より人と話す時間が少なくなる方もいます。特に一人暮らしの方は1日ほとんどしゃべらないので、顔がこわばったり歯をかみしめるためあごが痛くなったりすることがあります。休憩タイムに顔のストレッチをお勧めします。口角を上げてにっこり笑うような表情にします。また、あごを上下左右に動かしたり大きくあくびをするように口を開いたりして顔の筋肉を緩めてください。心理学の実験で、口角を上げてニッコリと微笑(ほほえ)む表情を作ると気分が上向きになるという報告があります。

対策5 アルコールやお菓子は置き場所に注意

アルコールやチョコレートなど誘惑に負けそうな嗜好品(しこうひん)は、置く場所を決めて簡単に手の届かないところにしまうことも対策になります。例えば冷蔵庫では一度別の袋に入れておき簡単に出せないようにして収納する、目につきにくい棚にしまう、など一工夫してください。

対策1　在宅勤務に対するレッテルを外す

社員が在宅で感じる不安の多くは、上司の在宅勤務に対するイメージとレッテル貼りです。ある企業では、社員からの申請があると在宅勤務が可能か否かを上司が判断して許可を出すというシステムをとっています。この場合、上司が在宅勤務に対して良いイメージを持たず「さぼるのではないか」という懸念を抱えていると、部下は非常に不安に陥ります。いつも不安で「メールにすぐ返事をしなければ」とプレッシャーを感じるのは、上司が在宅勤務に良いイメージを持っていない場合が多いのです。「うちの会社は在宅でできる仕事はない」という上司も結構多いのですが、実際は在宅勤務が可能にもかかわらず、上司が「在宅勤務イコールさぼる」というレッテルを貼っていることがあります。

対策2　部下の不安を軽減できる上司の声かけ

ある外資系企業では、これまでオンライン会議に声だけで参加していたアメリカ在住の上司が、テレワークが始まると部下の様子が心配になったようで、ビデオをオンにして社員の顔を見ながらミーティングするようになったそうです。こうした顔と表情が見える声がけの効果で社員が安心できたといいます。会議以外でもZoomなどを活用して定期的に声がけなどをするのもストレス軽減になると思われます。ただこの場合は上司が監視目的にしないよう注意が必要です。加えて社員がどのような戸惑いを抱えているかを把握して対処できるようにする必要もあるでしょう。

対策3 在宅でもメンタルを相談できる場をつくる

出社しているときは会社で産業医面談などを受けることができますが、在宅だと相談する場がなくなります。私は産業医をしている企業で、体調不調を感じた方が相談できるようにオンライン面談を提案しています。何かあったとき相談できる場は必要だと思います。

これまでに経験のない状況に戸惑っている方もいるでしょうが、これは働き方を変化させるきっかけにもなりそうです。

自宅とオフィスでは設備や環境が異なります。出社時とまったく同じように仕事をする、というより在宅でできるペースで仕事をする、というスタンスで臨むことがストレスに陥らないポイントといえそうです。

前を向けない気分のときは…「ポジティブサイコロジー」で苦境を乗り切る

先が見えない気分の時、前向きになれない時、そんな時はどうすればいいのでしょうか。憂鬱な気分になっている時、自分の持つ力を見つける方法をご紹介します。

新型コロナウイルスの感染拡大や緊急事態宣言で、先が見えない不安に陥り気分が前を向けない、という悩みを持つ方が増えています。

相談ケース

D'さん（30代）は営業職で先月末から在宅勤務になりました。D'さんの勤めている中小企業ではこれまでリモート業務はほとんど行われていなかったので、なじみのないシステムに対応できるか不安を感じています。また今後コロナの問題が長引いた場合の雇用にも不安があり、憂鬱な気分で前を向けないということです。営業職は人とかかわりを持ちながらの仕事なので今後の雇用も気がかりなのです。

解決へのヒント

1998年にアメリカの心理学者マーティン・セリグマン博士によって提唱された「ポジティブサイコロジー」は、人間の心のポジティブな側面に注目してポジティブを伸ばすことでネガティブを減少させるという方向でアプローチする心理学です。こうした介入により自然に気分をアップさせ気持ちの落ち込みを克服したり、うつの予防に用いられています。

D'さんの場合、現在は病気ではありませんが気分が低下していて前を向けない気分、ということで、ポジティブサイコロジーの中の「自分の強みを見つけて活用する」という技法をお教えすることにしました。ポジティブサイコロジーでは自分の強みをまず見つけ次にそれを活用して苦境を乗り越えるというステップでストレスを改善します。

「あなたの強みの見つけ方」傾向と対策

傾向　自分がラクにできることはなんですか？

自分が得意で簡単にできることやスラスラできることは人も簡単にできるだろうと思い込んでいる方がほとんどです。私たちは自分の強みを誇りに思うより軽視してしまう傾向があります。自分がラクにできること、習得が早いこと、意欲をもってできること、注意が向くこと、つまり興味があり調べてみたくなること、時間がたつのを速く感じること、などは強みを見つけるヒントになります。

対策1　強みリストを作ってみる

自分の性格的な特性などでポジティブな面に注目してください。ポジティブサイコロジーで示されている人の強みの例を紹介します。誠実、約束を守る、親切、面倒見が良い、責任感、公平さ、思いやり、リーダーシップ、冷静さ、向学心、忍耐力、熱意を持って事に当たる、チームの一員として協力できる、人を許す寛容性、慎重である、ユーモア、謙虚さ、自制心、美意識、自己制御、好奇心、勇敢さ、感謝の気持ちを持つ、独創性などです。

対策2 上位5つの強みを見つける

自分の強みを5つ見つけてください。難しいと思われる場合は3つでもいいでしょう。前述した強み以外でも、もし自分がこれは強みと感じるものがあればそれを書き出してください。D'さんは最初自分には良いところなどない、とおっしゃっていましたが、強みの例をお教えしたところ、親切、ユーモア、寛容、責任感、面倒見が良い、と5つの強みをリストアップしてくれました。

対策3 強みを1つ以上使ってみる日を決める

次は実践編です。日常生活でどんな場面でもいいので自分の強みを一つ以上使って何か行動してみる日を作ります。D'さんは週末に自分の強みである「親切」を使って何かすることにしました。些細なことでしたが、後ろから来た買い出しの荷物を持った親子のためにドアを開けて先に通してあげて感謝されたそうです。親切という強みを使おうという意識があるために「何かできないかな」と心の方向がそちらに向くことがわかったということでした。

また感謝されたのは嬉しいけれどたぶんそういった言葉がなくても自分ができることをした、ということで納得できるように思えたということでした。

対策4　強みソリューション

さて次はいよいよ問題の解決にとりかかります。D'さんが抱えている「苦手な業務」「雇用不安」について強みを使って前向きになれるようにしていきます。D'さんには強みを活用しこの苦境を乗り切ることについて考えてもらいました。D'さんは、責任感、寛容、面倒見が良い、などの強みがあります。こうした強みについて考えていたときD'さんは部下のことが気になりだしました。自分と同じように対面の営業が得意で在宅業務が苦手な部下がかなり多いのです。こうした部下たちに声をかけてみたそうです。すると部下たちからは不安の声とともに声がけに対する感謝が伝わってきました。D'さんはそれを聞いて声がけして良かった、と思い自分の行動に納得することができました。また在宅業務が苦手な自分たちのために業務の方針を見直しわかりやすい手順を作ることを会社側に提案しました。こうして自分が活動していることでたとえ周りの環境は厳しくてもD'さん自身は以前より気分が上昇したということです。

まとめ

「そんなにうまくいくはずはない」「自分には何の強みもない」と思わないでください。こうした強みを活用する手法はさまざまな場面で使われており、私も昨年、関西福祉科学大学教授の島井哲志先生と共同で「地域女性集団における強み活用によるポジティブ心理療法の効果」という論文を発表しています。ポイントは漠然と自分の良いところを見つけようとするのではなく、強みを見つけそれを日常生活でスキルとして実際に使い込んでいくことだと思います。

ぜひ試していただきたいと思います。

「コロナ観」の違いで断絶の危機も……関係の変化にどう対応？

新型コロナ感染拡大が始まってから1年以上が経過しました。今、それぞれの環境や「コロナ観（コロナ禍における行動や価値観）」の違いから、これまで気がつかなかった新たな一面が露呈し、友人や仲間との断絶の危機を迎えているという若い世代の声を聞くことがあり、専門家として気にかけています。そうしたストレスや関係の変化にどう対応すればいいのか？　具体的な例を挙げながら、解決策を考えてみたいと思います。キーワードは断捨離とアサーティブコミュニケーションです。

働き方の違いからくる意識の差——怒りストレス

まずは、コロナ禍で大きく変わった働き方。その働き方の違いから人間関係に亀裂が生じているケースがあるようです。

E'さんには同じアイドルグループのファンという共通の趣味を持つ高校時代の友人がいて、一緒にライブに出かける仲でした。自粛期間中は、SNSで連絡を取り合ったり、オンラインで飲み会をしたりしていましたが、緊急事態宣言が解除されて以降、連絡を取るのがつらくなってしまいました。

E'さんには勤務先から飲み会を控えるよう通達が出ており、所属部署ではプライベートも把握され、自由に行動できない状況です。そんな中、「再開されたライブに行こう」「Go Toキャンペーンで温泉に行こう」などと連絡してくる友人の配慮のなさが許せません。また、リモート勤務の友人がうらやましくもあり、話を聞いているだけでつらくなるので、もう連絡するのはやめようかと思っています。

付き合っている相手のコロナ観――失望ストレス

次はコロナに対する考え方が、恋愛関係に及ぼす影響を見ていきたいと思います。

F'さんは大学3年生で、同じ部活で同期の彼氏がいます。F'さんは実家暮らしで、地方出身の彼氏は一人暮らしをしています。F'さんの母は教師なので、新型コロナの感染には神経をとがらせています。F'さんも自分の良識で行動するようにと言われているので、自分自身の行動については慎重に努めています。

先日、彼氏からたまには外食しようと誘われました。自粛で会えない期間も長く、そろそろ二人で外食してもいいかと思い、行き先は彼氏に任せました。当日、レストランに着くと、席同士の距離は確保されておらず、密な空間で、マスクをしないで話をしている人もいて愕然としました。彼氏はこの状況を特に問題だと思っていない様子で、そのことにも衝撃を覚えました。せっかく予約しているから仕方ないと思い、早く帰ろうと考えながら食事をしました。もちろん楽しくないし、母にも悪い、という思いがよぎりました。

結婚も視野に入れていた彼氏だっただけに、センスのなさに失望し、今はもうこの人とは付き合えないという気持ちです。

コロナで広がる、若者の「格差」

ここまで見てきたような、特に若い世代の人間関係の断絶に関する相談は、診療の場で緊急事態宣言解除後に多くなっています。その背景として挙げられるのは主に2点です。

一つは環境の格差、そしてもう一つはコロナ観・知識の格差で、こうした格差感から、これまでの人間関係を継続できない状況に追い込まれ、悩んでいることが多いと思われます。

環境の格差としては、

・勤務状況の違い：リモート勤務・出社・エッセンシャルワーカー（社会で必要不可欠な労働者）か否か
・勤務先の意識：会食禁止などの制限の有無
・家族構成：家族と同居・一人暮らし・既婚・未婚
・家族状況：高齢者や病気の家族の有無

・経済状況：コロナで受けた打撃の差
・住んでいる地域：感染拡大が深刻な地域か否か
コロナ観・知識の格差としては、
・医学的知識：感染対策に対する知識や意識の差

緊急事態宣言中はみな共通したコロナ観があり、外出も買い物も不自由ながら機会は平等でした。しかし解除後、さらにGo To キャンペーンが始まってから、環境格差はますます大きくなっています。つまり、外食や旅行を自由にしている人がいる一方、感染リスクを避けることを余儀なくされる職場で働く人がいるなど、環境の差が人間関係の破綻（はたん）につながる背景になっています。

そして、このことは特に若い世代に特徴的と言えます。年齢が上がると、それぞれの家族や仕事に与える影響を自分なりに把握し、感染リスクを考えたうえで自分の行動を決定できる人が多くなるのに対し、若い世代では、まだそうしたゆとりが十分ではなく、自分の職業に対する意識・アイデンティティーや家族への責任感などが育っていないため、他人の環境をうらやましく思ったり、自分は楽しんでいない、と感じ人間関係を破綻させてしまったりすることがあります。

不自由でも皆が同じような環境で、機会の平等が保たれていた状況から一変したことが若い世代の人間関係の変化に影響していると思われます。

若い世代のコロナ断絶、どう防ぐ

では、このコロナによる人間関係の断絶を避けるためには、どのような方策が考えられるでしょうか？　具体的には次に記すような手段が考えられます。

自分の立場を相手に伝える

仕事の状況・家族の状況など、環境は人によって異なります。それまでは相手に伝えなくても特に支障がなかったことが、コロナ禍の中では必要不可欠です。仕事で高齢者とかかわりがある、教職や医療関係の仕事などのように複数の人とかかわる仕事をしている、家族に感染すると重症化リスクが高くなる人がいる……といったことを相手に伝えておくことが大事です。これからも関係を継続したいと思う相手には自分の環境を伝え、同時に相手の環境や考え方も聞いておく必要があります。

アサーティブな関係作りを視野に入れる

アサーティブとは自分もＯＫ、相手もＯＫという状況を作るコミュニケーションです。耳慣れない言葉かもしれませんが、相手の意向を一方的に受け入れることでも自分の意見を押し付けて従わせるのでもなくお互いの意見を話し合いながら納得のいく着地点を見つけていくというもので、アメリカでは1980年代ごろから注目されているコミュニケーションです。簡単に言うと、お互いの気持ちや意見を忖度なく話し合い両者が納得できる接点を探すと考えてください。

コロナに関しては、自分のコロナ観を明確にして、外出や会食などの方針を伝え、相手のコロナ観も聞いて双方に納得できる状態を作るのがベストでしょう。相手のコロナ観を聞いてすぐに「あ、この人はダメ。この人とは接点がない」と決めつけずに、話し合いながら接点を見つけるプロセスを踏んでみることも大事です。どんな店にいつ行くか、店はどのように選ぶかなど、これまでよりさらにお互いの気持ちを明確にして、妥協や譲歩やあきらめではなく、双方に納得できる状態を作る話し合いをしてはいかがでしょう。以前よりもっと相手のことを知りお互いを尊重できる関係を築くことができるはずです。それだけ話し合っても全く接点がない場合初めて「ダメ」とすればいいのですから。

人間関係の断捨離も必要

マスクを着用するか否かは、周囲への感染リスクを軽減する相手への配慮です。手洗いをする、食事以外の時は会話の際マスクをする、混んだ店には行かない、誘わない、など基本的なコロナ感染リスクを守れない人とは今後付き合えない、と思う場合は、人間関係を断ち切ることも悪いことではありません。周囲への配慮が出来ない人との関係を無理して続けなければ、と思い込み、ストレスを感じる必要はないのです。

まとめ

新型コロナウイルス感染拡大は、私たちの生活環境を大きく変えました。その中でこれまで知らなかった、あるいは気がつかなかった相手の考え方や医療情報の基礎的知識の程度、生活環境などがわかり、驚く場合もあると思います。

ただ、それは必ずしも悪いことではないはずです。残念な人間関係を終わらせることがある一方、新しくいい人間関係を築ける可能性があることを念頭に置いて、コロナ禍を乗り切ってほしいものです。

客対応のストレスどうする？
相手の感情に巻き込まれない心の持ち方

窓口で直接顧客とかかわる仕事で疲れ切っている方は多いですね。特にコロナ禍の中で客対応により気持ちがうつになっている方が気になります。

相談ケース

役所に勤めるG'さん（20代）は、部署異動で今年から窓口対応になりました。異動になってすぐに新型コロナウイルスの感染拡大が起こり、業務の負担感が増えただけでなく窓口で怒ったり怒鳴ったりする人もいて毎朝出勤するのが怖くなってしまいました。自分のミスではないのにイライラを自分に向ける人がいたり睨（にら）まれたりして、夜も思い出してしまい涙が出るようになりました。幸い部署の先輩は、そういうこともあるよ、と言ってくれるのですが、耐えられない気持ちがしています。

解決へのヒント

窓口対応にあたる方の心の負担感はとても高く、特に最近のコロナ禍で負担がさらに増しています。窓口業務だけでなく、接客をする飲食業の方をはじめタクシーのドライバーの方の負担も大きくなっています。ただ気がついてほしいのは、客のイライラや怒りは、自分の対応に向けられたものではなく、客自身のストレスやうっぷんがたまっているためだということです。そしてこうしたうっぷん晴らしの標的になるのは、「言いやすい」相手ともいえます。言いやすい相手は対等な関係ではなく弱い立場にある人です。料金を払ってもらう側、自分より若い人、女性、反撃したり逆切れしたりしない雰囲気の人は「言いやすい相手」になることが多いのです。

「窓口ストレス」傾向と対策

傾向1 おびえながら対応していませんか?

クレームをつけられたらいやだなあ、怒鳴られたらどうしよう、と不安を抱えながら仕事をスタートしていないでしょうか。こわごわ仕事をしていたり自信がなさそうな雰囲気があると、それは相手に伝わります。ミスをしていないのに、ちゃんと仕事をしているのだろうかと相手に疑いをもたれることにもつながります。自分の態度を客観的に見直してください。姿勢や声・目線をチェックしてください。G'さんのように若い女性でも自信をもって対応している場合は相手も感情をぶつけるのを遠慮してくれるものです。冷静な態度で業務をしているということが大事です。

傾向2 仕事場に入る時間で変わる心のゆとり

仕事の現場に入る時間を気にしたことはありますか? 開始直前に駆け込むような状態だとあわただしいままで仕事をスタートさせることになります。

仕事場につき一呼吸して落ち着いてから仕事にかかる、くらいのゆとりをもった方が安心して仕事ができるはずです。

対策1 自分の感情の手綱は自分で握る

いらだったりうっぷんがたまっている相手の感情に巻き込まれることはありません。相手が怒っていたり非難していても、怒鳴り返す必要はないし落ち込むこともないのです。ただし怒っている相手に対して平気でいられる人はいないでしょう。嫌な気分がして不愉快なのは当たり前です。ただ無自覚にその不快な感情に身を任せてしまうことと、いま自分は嫌な気分がしていると気がついて対処しようとすることは、まったく別物なのです。不快な感情やうつ気分にそのまま流されてしまわずに、その感情に気づき対処することを考えてください。

対策2 姿勢と呼吸を整える

不快な感情が起きたな、と気がついたら姿勢を整えてください。背筋をきちんと伸ばします。相手が感情をぶつけている間、自分の呼吸に注目します。肋骨(ろっこつ)を横に広げるイメージでなるべくゆっくり鼻から息を吸います。そして口から細く長く息を吐いて呼吸を整えます。呼吸が整うと気分も整ってきます。すると声もうわずらず早口にならずに話せるはずです。

対策3 相手はモンスターではなく助けを求めている人

感情をぶつけてくる人をモンスターと捉えると逃げたくなるものです。ただその場を何とか早く収めて逃げてしまおうとすると、相手の感情が収まらなくなることがあります。ここは逃げない、と腰を据える覚悟を決めると自分自身がすっきりするはずです。そのうえで相手はモンスターではなく自分の感情を持て余し自分でコントロールできなくなっている人で、助けを求めて叫んでいる人だ、とイメージすると冷静になれます。

対策4 部署内外のピアサポートを大切に

同じ状況で勤務している人同士でお互いにサポートし合うことはとても大事です。状況が同じだからこそ分け合える苦労があるはずです。私は以前カリフォルニアでがんやエイズや依存症の患者さんのサポートをしているカウンセラーの方々の施設を見学したことがありますが、1日に1回は必ず皆で集まり呼吸を整えるワークをしたりお互いの体験を話し合い共感したりしていました。カウンセラーの仕事も患者さんの不安や怒りをそのままぶつけられることがしばしばですから、こうした対策をしているのですね。同じ苦労をしている仲間との共感は心の支えになります。また同じ部署でなくても、お友達で同じような苦労をしている方との話し合いもほっとします。

まとめ

新型コロナウイルス感染拡大も依然として収まらず、感情が不安定になり怒りを窓口でぶつける方も増える可能性があります。まず自分の気持ち・呼吸・姿勢を整え、相手の感情に巻き込まれず、逃げ腰にならずに対応すると、自分に自信が生まれるはずです。

「私ってコンビニ依存？」つい買いすぎる人の心の整理術

コロナ禍で外出制限が続く中、コンビニ通いが日常化している方は多いですね。ただ問題はその頻度と買い物の量のようです。つい買いすぎ、で悩んでいませんか？

相談ケース

企業の経理業務をしている20代のH'さんはリモート勤務が増えたものの、紙の書類整理もあり週2回は出社しています。会社が業務終了後の会食を禁止しているので、会社と家の往復という生活です。以前は会社帰りにほぼ毎日外食していたH'さんですが、今の楽しみといえば家の近所にあるコンビニや駅近くのドラッグストアに行くこと。すっかり日常化し、レトルト食品など生活に必要な物を買うだけで無駄遣いしているわけではありませんが、マスクや消毒スプレー、チョコレートや菓子類が部屋に一杯になっている状態です。「備蓄」というには多過ぎるけれどいつか役に立つからいいか——とは思うものの、1回の会計が最低でも2000円、多い時は5000円以上になりカードの支払いも多くなっています。自分はコンビニ依存かしら、と心配になっているといいます。

解決へのヒント

ふだんの環境が変化するとそれに適応しようとしなければなりません。そうしたストレスや心の閉塞感（へいそく）を解消しようとして「買い物」という行動をとることがあります。H'さんの場合、普段は仕事帰りに同僚や友達と外食したりライブを聴きに行ったりしていたのですが、それができない代わりに買い物でストレス解消するようになったと思われます。依存というのは、それをしないと落ち着かなくなったり、それをするために日常生活に支障が出たり、人間関係が破綻（はたん）したり、経済的に破綻するような状態ですから、H'さんはそうした状態には至っていないようです。ただ部屋の中が必要以上に物であふれて片付かない、というのはここで何か対策が必要というサインです。

「つい買い物をしてしまう人」の傾向と対策

傾向1　一人住まいである

一人住まいの場合は、買い物が多くなっても文句を言われたり迷惑をかけたりしなくて済むので、買い物でストレスを解消しやすいといえます。食事もこれまで外食中心だった方が多く、食材を買っても余ることが多いので自炊するよりコンビニでレトルト食品を買ったほうがいいと考えてコンビニ通いの頻度が増えやすいといえます。

傾向2　人と話す機会が少ない

H'さんの場合は出社しても同じ年代の社員には会えない状態です。家に帰っても一人暮らしなので会話というものがほとんどありません。以前は当たり前だったちょっとした会話や人とのかかわりがなくなり、手持ち無沙汰な感じや空虚感で、ついコンビニやドラッグストアに行ってしまうのです。

傾向3　想定外の金額の支払いに驚く

自分ではそれほどの金額の買い物をしている自覚はない、でもレジでびっくりというパターンを繰り返してしまいます。それはなぜかというと商品を選びかごに入れているときの昂揚感(こうようかん)で料金のことを忘れている、つまりは現実逃避しているともいえるのです。

傾向4　行動が習慣化している

行動が自動化して習慣になっていることがほとんどです。その時間になると自然にその行動をしてしまう、というように身体が覚えているのです。H'さんの場合は仕事が終わると自然にコンビニに行く、自宅で仕事していても一段落すると散歩がてらコンビニに行くという習慣ができていました。

対策1　自分が何を求めているかを知る

なぜ買い物をするか、について考える必要があります。依存にはアルコールやたばこ、薬物など物質に対する依存の他に買い物や運動、セックスのような行動に対する依存があります。

緊張を緩めたい、現実から逃避したい、気分をアップしたいなどが依存の要因ですがH'さんの場合は、停滞した気分を高めたい、買い物でわくわくした気分を取り戻したい、ということが目的のように思われます。このように自分がなぜこうした行動や物に依存しているかというその心理について振り返ってみる必要があります。依存の原因を確認したら対策を取ります。H'さんの場合は、絵を描くことに興味があるのでイラストを描くオンラインクラスに入りわくわく感を体験してもらうことにしました。

対策2 週に2日、依存行動禁止の日

行動の習慣化を断ち切ることが必要です。週に2日はコンビニに行かない曜日を決め覚悟を決めましょう。

対策3 一度に使う金額の上限を決める

1回の買い物で使う上限額を決めます。あらかじめ買う物を決めておくなどして、必要以上の物を買わないよう意識しましょう。

対策4　レトルトでない食事作り

H'さんがコンビニに行く目的の一つがレトルト食品を購入することです。外食をすべてコンビニ食品に切り替えるのではなく一品でも手作りをする、ということも楽しみの一つになるのではとお話ししました。味噌汁を作る、サラダを洗う、などの行動に集中することは習慣化した買い物から行動を変えるきっかけになるものです。

対策5　依存に変わる行動メニュー作成

H'さんの場合は生活にメリハリがなく人とのかかわりがなくなったことから気持ちを活性化したり仕事からの気分転換をしたくてコンビニ通いをしています。生活の中に好奇心を満足させてくれるもの、体を動かすこと、ワクワク感を感じられることなどをバランスよく組み込んでいくことで、コンビニへの一極集中は改善できるはずです。コンビニ通いも悪いわけではなく上手に活用すればいいと思います。

新型コロナで不安な日々も、ぐっすり眠るための心のリセット方法

新型コロナによる感染拡大で様々な影響が出る中、不安に感じている方が多い状況が続いています。そうした中で不安が体調の変化を引き起こしている方の相談を受けることが多くなりました。なかでも目立つのは「眠れない」という悩みです。

相談ケース

新型コロナ対応で業務が増えたI'さん、I'さん（40代）は製造業勤務で課長職。新型コロナ対策で製造ラインの部下の体調把握で神経を使うことが増えたそうです。「普段の仕事に加えて体調が悪い部下がいないか朝体温の報告を受けたりなどの業務が増えて」というI'さんですが、寝ようと思ってもベッドに横になってから3時間くらいは眠れなくなりつらいと言います。製造ラインが止まるようなことがあればどうしよう…と不安になり、点検のこ

となどあれこれ思いめぐらしているうちに頭がさえてくるということでした。

解決へのヒント

不安という心の状態は心だけの問題ではなく体調の変化を引き起こします。不安を感じると交感神経が緊張状態に入るために心拍数が増加し血圧が上昇、それと反対に消化吸収は抑制されるために食欲は低下します。緊張して戦闘モードになっているから眠るどころではありませんよね。こんな時に不安というネガティブな感情を抑えようとしてもこれは無理というものです。不安は身を守るために必要な感情です。なぜなら不安があるから人は対策を考えて対処するわけです。ですから不安はあって当然、と受け入れましょう。そして手洗いや現場での体調不良者のチェックはぜひおこなってください。不安を消そうとするのではなく「不安はあって当たり前」と受け入れる、これがまず最初のステップです。

そして次のステップに進みましょう。

新型コロナ不眠を克服する対策

対策1 隠れたリセットボタンを作動させる

不安というネガティブな感情は身体に変化を引き起こします。このような時に交感神経の緊張を緩和して平衡状態のホメオスターシスに戻すためには、ポジティブ感情が有効だということが実験で確かめられています。心理学者のバーバラ・フレドリクソンは実験により、安らぎや愉快な気持ちを起こすとストレスによる心血管系の反応を和らげることを報告しています。こうした反応は「隠れたリセットボタン」と呼ばれています。不安などのネガティブな感情からリセットするには不安を抑えようとするより心の状態をリセットするボタンを押してポジティブ感情を呼び起こすことが大事といえるのです。

対策2 ポジティブ感情とネガティブ感情の比を3：1に保つ

またフレドリクソンによると、心の中のポジティブ感情とネガティブ感情の割合を3：1に保つと気持ちがうつに傾くのを防げます。大変な出来事の中でネガティブな感情に引きずられず、心の状態をリセットするボタンを押し、ポジティブとネガティブの感情の割合を3：1に戻すことでストレスを乗り切ることができるとされています。

対策3　ポジ：ネガ比を3：1に戻すための救急箱

交感神経優位状態からバランスを立て直すために必要なリセットボタンになる救急処方を見つけ、心の救急箱に入れることが必要です。

・深呼吸する
・足浴で足元を温める
・静かな音楽を聴く
・ユーモアがありちょっと微笑みが起きる話を聞く
・ストレッチする
・犬や猫とかかわる
・花をいける
・落語やコメディーを楽しむ
・散歩する

その他、ご自分なりの処方箋(しょほうせん)を探してください。

絵を描いたり詩を作ったり楽器を演奏したりと、クリエイティブな行動も有効です。最近オーストラリアに住む知人から「コロナ対策の手洗い」についての楽しい動画が送られてきました。男性がクラシックの曲に合わせて手洗いのパフォーマンスをしているのですが、ユーモアにあふれる手洗いで思わずクスリと笑える映像でした。ほんのちょっとしたこんなユーモアが心をリセットするきっかけになります。ユーモアは客観性から生まれます。コロナ不安に心が集中している状況を客観的に捉えることで、不安が減少しポジティブ：ネガティブ比が改善します。

対策4　ベッドに入る前1時間の準備

交感神経の緊張を緩めて眠りに入りやすくするための次のような準備は効果的です。

・少なくとも1時間前にはテレビ・ＰＣ・スマホは見ない
・足元を温める（足浴の活用）
・カフェイン・アルコールは飲まない
・部屋の湿度を保つ
・カモミールティーなどの温かいノンカフェインハーブティーを飲む
・シーツやパジャマを洗いたての肌触りが良いものにする

以上を試して快眠につなげていただきたいと思います。

編集協力　原田英子
ブックデザイン　松田行正＋杉本聖士
装画・本文イラスト　阪口笑子
写真提供　ハルメク
撮影　高山浩数

海原純子（うみはら じゅんこ）

医学博士・心療内科医
東京慈恵会医科大学卒業。同大講師を経て、1986年東京で日本初の女性クリニックを開設。2007年厚生労働省健康大使（〜2017年）。2008-2010年、ハーバード大学大学院ヘルスコミュニケーション研究室客員研究員。2013年より日本医科大学医学教育センター特任教授。2018年昭和女子大学特命教授。復興庁心の健康サポート事業統括責任者（〜2014年）。被災地調査論文で2016年日本ストレス学会賞受賞。日本生活習慣病予防協会理事。日本ポジティブサイコロジー医学会理事。

医学生時代父親の病気のため歌手活動で生活費を捻出し大学を卒業。テレビドラマの主題歌などを歌う。医師となり中断していたジャズライブを近年再開。

読売新聞「人生案内」回答者。毎日新聞：日曜版「新・心のサプリ」、Yahoo!ニュースインフルエンサーとして連載執筆中。

近著に『今日一日がちいさな一生』（あさ出版）、『男はなぜこんなに苦しいのか』（朝日新聞出版）、『困難な時代の心のサプリ』（毎日新聞社）、『こころの深呼吸』（婦人之友社）、『アサーティブトレーニングガイドブック』（金剛出版）他多数。

「繊細すぎる人」のための心の相談箱
いまよりラクに生きるためのヒント

2021年3月30日　第1版第1刷発行

著　者　海原純子
発行者　岡　修平
発行所　株式会社 PHP エディターズ・グループ
〒135-0061　江東区豊洲 5-6-52
TEL03-6204-2931
http://www.peg.co.jp/
発売元　株式会社 PHP 研究所
東京本部　〒135-8137　江東区豊洲 5-6-52
普及部　TEL03-3520-9630
京都本部　〒601-8411　京都市南区西九条北ノ内町 11
PHP INTERFACE　https://www.php.co.jp/
印刷所
製本所　図書印刷株式会社

ISBN978-4-569-84932-4